단 20일!
내 머리가 영어머리로 바뀐다

여러분의 외국어 학습에는 언제나
(주)동인랑이 성실한 동반자가 되어줄 것입니다.

세계 최초 개발된 좌·우뇌 동시활용 영어회화!

단 20일!
내 머리가 영어머리로 바뀐다

동인랑

머리말

한국인은 왜 영어가 어려운 걸까?

이 책은 [영어 콤플렉스]로 골치를 썩고 있는 한국인의 뇌를 문자 그대로 영어머리로 바꾸는 것을 목적으로 쓰인 책이다.

한국의 영어학습 사정을 보면, [좌뇌 편중]에 이끌린 학습 방법에 빠져서, 출구도 없는 터널을 향해 가는 것처럼 많은 사람들이 한 무리가 되어, [영어 콤플렉스]라고 하는 깊은 늪을 향하여 돌진하고 있는 듯해 보인다. 마치 독일의 동화에 나오는 한메른의 피리소리를 따라 그 마법의 신비로 마을로부터 이끌려 나온 쥐들이 모두 벳사강에 몸을 던진 모습과 같다.

정보전달의 급속한 보급에 의해 점점 더 영어의 필요성은 급증하고 있다. 영어의 중요성이 강조되어짐에 따라, 우리나라에서는 영어의 [제2공용어론]까지 나오고 있는 실정이다. 그러나 병의 원인은 고치지 않고 증세만 고치는 방법을 취하는 우리나라의 영어교육 방법과 제도로는, 적절한 대응이 불가능한 것이 뻔히 눈에 보인다.

현재 대기업을 포함한 많은 한국기업들은 가차 없이 밀려오는 서양의 압력에 의해, 잇달아 영어를 공용어화하기 시작했다. 실제로 대부분의 대기업에서는 입사와 승진의 조건으로 TOEIC 800점 이상의 점수를 요구하고 있다. 그러나 뇌를 혹사시키는 기존의 학습 방법으로는 모든 직원들에게 그 목표를 달성시키는 것은 어쩌면 불가능할지도 모른다.

저자

뇌 공장에 단어의 [원료]를 넣자

　　이 책에 소개하고 있는 영어습득의 이론과 방법은 독자에 따라서는 보지도 듣지도 못한 미지의 영역일 것이다. 그 점에서는 영어를 포함한 외국어 교육에 종사하는 사람에게도, 개인적으로 영어를 공부하고 있는 사람에게도, 혹은 지금부터 영어를 공부하려고 하는 사람에게도, 여러 의미에서 참고가 되리라고 확신한다.

　　까다로운 것에 자신이 없는 사람은 준비편을 건너뛰어 바로 20일 훈련편의 연습을 시작해도 상관없다. 연습이 끝난 뒤에 [왜 이런 연습을 해야 하는가]를 알고 싶어질 때에 읽어도 늦지 않다. 중요한 것은 여러분이 하고 있는 영어학습 방법이 뇌의 잠재능력을 효과적으로 움직여서, 연습한 것만으로도 성과를 거두어야 한다는 점이다.

　　몇 년을 공부해도 간단한 영어단어 하나 들리지 않거나, 혹은 자기의사를 전달할 수 없는 방법에는 근본적인 문제가 있다. 이 책을 읽는 대부분의 독자들은 듣는 것만으로 영어를 습득할 수 있는 연령(이른바 경계기=9살)을 넘긴 학습자라고 생각된다. 그렇다면, 더욱 뇌에 부담을 주지않는 방법으로 공부하지 않으면 안된다.

[영어 콤플렉스]에 빠진 사람의 뇌 [공장]에는 언어의 [원료]가 들어가 있지 않다. 이 책에서는 우선 여러분의 뇌 공장에 언어의 원료를 집어넣는 것부터 출발한다. 이것이 뇌의 활동을 바르게 사용하는 방법이다. 뇌가 정확히 일하고 있는지를 판단하려면, 교재의 내용이 자연스럽게 익숙해져서 습관이 되었는지를 확인하면 된다.

이 방법으로 처음부터 영어다운 발음이 가능해지고, 지금까지 알아들을 수 없었던 영어가 단기간에 알아들을 수 있게 된다.

KenMc Method에 재미있게 중독되는 이유

나의 이론과 방법인 KenMc Method에서는 발음(원료)을 영어의 음(재료)으로 바꾸는 장치, 즉 영어 발음의 거푸집 만들기부터 시작한다. 이 방법은 누구라도 처음부터 영어다운 발음을 듣고, 말하는 것부터 출발한다. 원료를 가공하는 방법만 정확하다면, 조금도 어려울 것이 없다. 여기에는 [언어는 정확한 발음으로부터 시작하지 않으면 정복하기 어렵다]라는 단순 명료한 논리가 깔려있다.

방법만 정확하다면, 뇌는 생각하지도 못한 힘을 발휘한다. 더욱이 뇌가 즐거워하는 방법이라면, 재미있고 쉬운 단어 만들기가 가능할 것이다.

다행스럽게도 영어 리듬이 보사노바 리듬과 일치하는 것을 발견하였다. 외국어 콤플렉스의 대적인 [좌뇌 편중]으로 고생하는 한국의 학습자들에게 있어서, 가장 약점인 발음의 타이밍을 잡는 것뿐만 아니라, 음성단위를 파악해서 좌뇌와 우뇌의 연락을 돕는 [구세주]가 나타난 것이다. 경쾌한 보사노바 리듬을 타고 영어다운 발음을 하는 것이, 뇌가 즐거워하는 영어 학습법으로 연결되기 때문에, 일거양득이라고 할 수 있다.

　　영어를 배우는 기나긴 행로에서 씁쓸한 실패만 되풀이해온 한국인의 뇌를 구하는 방법은 뇌를 바르게 사용하여, 재미있는 영어 학습법으로 상실된 자신을 회복하는 것이 무엇보다도 중요하다고 생각한다.

추천글

좌, 우뇌를 동시 활용한 효과적인 영어학습법 KenMc Method

　　전세계가 하나의 생활 문화권으로 통합되고 있는 21세기에 영어는 전세계인의 공통어가 되고 있습니다. 이런 중요성 때문에 우리나라에서도 영어 열풍이 연령에 관계없이 강하게 불고 있습니다. 영·유아시절부터 시작되는 조기 영어교육 열풍부터 성인기까지 이어지는 영어 과외까지 우리 사회는 큰 몸살을 앓고 있지만, 외국인과의 영어 소통에는 예전과 큰 차이가 없이, 여전히 어려움을 겪고 있는 것이 현실입니다.

　　이런 근본적인 문제점을 해결하기 위해서는 언어를 관장하는 두뇌의 발달을 고려한 영어교육을 너무 빠르지도 너무 늦지도 않는 적절한 시기에 시작해야 하고, 두뇌의 일부분만을 사용하기보다는 두뇌를 전체적으로 사용하는 전뇌(좌·우뇌를 동시활용) 영어교육이 이루어져야만 합니다.

　　오늘날, 우리나라의 영어교육은 [좌뇌 위주]의 편중학습에 휩싸여 문법 위주의 학습을 하던가, 한국식의 영어발음과 멋대로의 문장 리듬을 사용하기 때문에, 미국인의 영어 발음을 잘 알아듣지도 말하지도 못하는 것입니다. **단어 하나 하나의 발음보다는 문장의 리듬과 강약이 영어 소통에는 훨씬 중요합니다.** 더욱이, 우리나라 말은 좌뇌를 주로 사용하는 언어인 반면, 영어는 한국어에 비해 좌, 우뇌를 동시에 사용하는 언어로 알려져 있기 때문에 영어를 잘 하기 위해서는 리듬을 관장하는 우뇌 사용이 당연히 늘어야만 합니다.

서 유 헌
서울대 의대 주임교수
서울대 의대 신경과학 연구소 소장
한국 뇌신경 과학회 이사장

　기악곡(클래식 음악)과 같은 음악은 주로 우뇌를 사용하여 듣기 때문에, 영어의 리듬패턴에 맞는 음악-보사노바 리듬-에 맞춰 영어의 리듬패턴을 연습하는 것이 영어 공부에 크게 도움이 되리라 생각합니다. 흥겨운 보사노바 리듬에 맞춰 영어 문장을 연습하다 보면 지루하지 않고, 즐겁게 영어를 공부할 수 있는 동시에, 자연스럽게 영어머리로 변하게 될 것입니다.

　이런 의미에서, **이 책은 좌·우뇌를 모두 사용하여 영어를 효과적으로 학습할 수 있게 해주는 좋은 책**이라 생각됩니다. 아무쪼록 열심히 연습하여 영어 공부에 큰 진전이 있기를 바랍니다.

서울대 의대 주임교수

추천글

KenMc Method의 효과를 기대함

　　몇 년전, 유네스코 전문가회의에 참가한 적이 있습니다. 아침식사 전부터 시작된 활발한 대화는 식사 중에도 끊기는 법이 없습니다. 아침부터 오후 5시까지 심각한 회의를 마치고도 긴장을 풀 수 없었습니다. 저녁식사 후에도 밤 11시까지 대화를 즐깁니다.
　　회의는 4일동안 계속되고, 마지막 날 밤은 유서 깊은 성에서 작별 만찬회가 열렸습니다. 이것이 끝나면 한시름 놓겠지만, 12시부터 또 작별 스피치가 시작됩니다. 문법부터 시작하는 영어실력으로는 좀처럼 따라갈 수 없고, 저도 머리에 혹이 달린 듯한 두통으로 고민을 했었습니다.

　　국제회의에서 유럽인, 특히 프랑스인은 아침부터 저녁까지 대화를 계속하면서 용케도 지치지 않는다고 감탄합니다. 이들 언어는 단어의 의미를 분담하는 좌뇌와 리듬과 억양을 분담하는 우뇌로 구분되어 있어, 균형이 잘 잡힌 두뇌 사용을 하고 있기 때문에 피곤해지지 않는 것입니다.

　　저는 1972년에, 영어를 모국어로 자란 사람은 자음은 단어의 의미를 분담하는 좌뇌에서 처리되지만, 모음만은 확실히 우뇌 우선으로 분리되어 처리한다는 것을 발견했습니다. 이것은 환경의 차이에 따른 것으로, 유전과는 구별됩니다. 결국, 영어는 좌·우의 뇌를 사용하는 양뇌 언어이고, 한국어는 좌뇌를 많이 사용하는 단뇌 언어입니다. 따라서 단뇌 언어를 사용하는 일반인은 우뇌의 역할인 [리드미컬한] 영어를 하

Kadota Tadanobu
동경의대 치과대학 명예교수

는 것이 어려운 것입니다. 정확하게 말할 수 없기 때문에 상대방이 말한 것을 이해하기 어렵고, 불완전한 발성의 기본으로 영어듣기도 발전하지 않는 것입니다. 본래 우뇌에서 처리 되어야 하는 기계음까지도 좌뇌에 편중되기 때문에, 이러한 부담으로 쉽게 피로해 지고, 잠자코 있다가 꾸벅 꾸벅 졸게 될지도 모릅니다. 이럴 때의 묘약은 서양의 기악곡(클래식 음악)을 듣는 것입니다. 클래식은 우뇌에서 듣는 소리이기 때문에, 영어로 지친 머리에는 더할 나위 없이 아름답게 들립니다.

저는 영어학습법에 음악 도입의 필요성을 알고 있었지만, 또 하나 경험으로 깨달은 것이 있습니다. 그것은 좋아하는 영어의 문장을 큰 소리로 읽고 귀로 듣고 있으면, 오랫동안 해도 피곤하지 않고, 상쾌함 마저 느끼게 된다는 것입니다. 좌뇌 편중도 일어나지 않습니다. 거기에 음악을 더하면, 영어 학습은 즐거워지고 효율도 높아지리라고 생각됩니다.

KenMc Method는 뇌의 특징을 살린 획기적인 영어학습법이라고 생각합니다. 뇌에 부담을 주지 않고, 효율적이고, 재미있게 영어를 공부하는 획기적인 방법입니다. 영어의 리듬패턴에 딱 맞는 보사노바 리듬에 맞춰서, 두 손으로 리듬을 타고, 온몸을 움직여, 큰 소리로 발성연습을 하는 방법은 뇌 전체를 자극하여, 우리가 가지고 있는 단뇌 언어의 결함을 극복하게 합니다. 리듬패턴의 습득으로 영어 듣기는 비약적으로 개선될 것입니다.

CONTENTS

Chapter 1 | 준비편

영어 공부, 이런 악순환에 빠지기 쉽다 — 20
1. 나는 사이클의 어디쯤에 있나?
2. KenMc Method란?

왜? 한국인은 영어를 못하나! — 23
1. 말의 원료는 발음
2. 리듬패턴에 발음을 넣는대[용기]
3. 패턴인식이란?

리듬패턴이란? — 26
1. 지금부터 리듬상자 등장
2. 리듬상자

좌뇌와 우뇌는 각각 맡은 역할이 있다 — 36
1. 아이들은 양쪽 뇌를 모두 사용하여 말을 배운다
2. 한국인의 뇌와 영어를 하는 외국인의 뇌는 이렇게 다르다
3. 한국인은 한자어도 사용한다

KenMc Method의 특징과 학습의 순서 — 48

Chapter 2 | 20일 훈련편

1일째 | 워밍업 50
1. 강약 레슨
2. 고저의 레슨
3. 강약과 고저 레슨

2일째 | 간단한 리듬패턴 57
1. [DA-d#]
2. [DA-d·d#]

3일째 | 2개의 리듬 유닛으로 이루어진 리듬패턴 1 63
1. [d>DA#]
2. [d>DA-d#]
3. [d·d>DA#]
4. [d·d>DA-d#]

4일째 | 2개의 리듬 유닛으로 이루어진 리듬패턴 2 69
1. [D-d>DA#]
2. [D-d>DA-d#]
3. [D-d·d>DA#]
4. [D-d·d>DA-d#]

5일째 | 반 유닛 + 2개의 리듬 유닛 1 75
1. [d>D-d>DA#]
2. [d>D-d>DA-d#]
3. [d>D-d>DA-d·d#]
4. [d>D-d·d>DA#]

CONTENTS

6일째 | 반 유닛 + 2개의 리듬 유닛 2   82

1. [d>D-d·d>DA-d#]
2. [d·d>D-d·d>DA#]
3. [d·d>D-d·d>DA-d#]
4. [d·d>D-d>DA#]

7일째 | 의문문(Yes-No Question)의 리듬패턴   88

1. [d·d>DA ‖]
2. [d·d>DA-d ‖]
3. [d·d>DA-d·d ‖]
4. [d >D-d>DA ‖]
5. [D-d>DA ‖]
6. [D-d>DA-d ‖]
7. [D-d>DA-d·d ‖]
8. [D-d·d>DA ‖]

8일째 | 강한 리듬이 연속되는 리듬패턴 1   95

1. [D>D-d>DA#]
2. [D>D-d>DA-d#]
3. [D>D-d·d>DA#]
4. [D>D-d·d>DA-d#]

9일째 | 강한 리듬이 연속되는 리듬패턴 2   100

1. [D-d>D>DA#]
2. [D-d·d>D>DA#]
3. [d>D-d>D>DA#]
4. [d>D>D-d·d>DA#]
5. [d>D-d>D>DA-d#]

6 [D>D-d>D-d · d>DA#]
7 [d>D-d · d>D>DA-d#]
8 [d · d>D-d · d>D>DA#]

10일째 | 3개의 리듬 유닛으로 구성되는 리듬패턴 1

1 [D-d>D-d>DA#]
2 [D-d>D-d>DA-d#]
3 [D-d · d>D-d>DA#]
4 [D-d · d>D-d>DA-d#]

11일째 | 3개의 리듬 유닛으로 구성되는 리듬패턴 2

1 [D-d>D-d · d>DA#]
2 [D-d>D-d · d>DA-d#]
3 [D-d · d>D-d · d>DA#]
4 [D-d · d>D-d · d>DA-d#]

12일째 | 반 유닛으로 시작되는 리듬패턴

1 [d>D-d>D-d>DA#]
2 [d>D-d>D-d>DA-d#]
3 [d>D-d · d>D-d>DA#]
4 [d>D-d>D-d · d>DA#]

13일째 | 4개의 리듬 유닛으로 구성되는 리듬패턴 1

1 [d>D-d>D-d>D-d>DA#]
2 [d>D-d>D-d>D-d · d>DA#]
3 [d>D-d>D-d · d>D-d>DA#]
4 [d>D-d>D-d · d>D-d · d>DA#]

CONTENTS

14일째 | 4개의 리듬 유닛으로 구성되는 리듬패턴 2 127
1 [D>D-d>D-d>DA#]
2 [D>D-d·d>D-d·d>DA-d#]
3 [D-d·d>D-d·d>DA#]
4 [D-d>D-d·d>D-d>DA#]
5 [D-d·d>D-d>D-d>DA-d#]
6 [D-d·d>D-d·d>D-d>DA#]
7 [D-d>D-d>D-d·d>DA-d#]
8 [D-d·d>D-d·d>D-d·d>DA#]

15일째 | 문법은 직감으로 잡는다 1 132
1 문장을 확장한다
칼럼 | 문법습득에 리듬패턴이 도움이 되는가?

16일째 | 문법은 직감으로 잡는다 2 136
2 어순을 바꾸어 보자
3 품사를 바꾸어 보자
4 어휘를 바꾸어 보자

17일째 | 문법은 직감으로 잡는다 3 141
5 구조를 바꾸어 보자
6 구성을 알면 영어는 쉬워진다

18일째 | 문법은 직감으로 잡는다 4 146
7 2개의 문장을 1문장으로 만든다
8 2개의 문장을 1문장으로 만드는 방법
칼럼 | 리듬 유닛의 복습

19일째 | 문장을 뒤에서부터 읽는다 1　　　　　153
Back-forth-Build-up이란?

20일째 | 문장을 뒤에서부터 읽는다 2　　　　　158

Chapter 3 | 테스트편

리듬패턴 테스트　　　　　164
1　영문에 맞는 리듬패턴를 찾아보자
2　리듬패턴에 맞는 영문을 찾아보자
3　같은 리듬패턴을 찾아보자
4　다른 리듬패턴의 영문을 찾아보자
5　같은 리듬패턴의 영문을 찾아보자

테스트 정답　　　　　167

Q&A　　　　　174

리듬패턴을 연습하는 방법　　　　　184

맺음말　　　　　186

TAPE 내용에 대해서

- TAPE는 2개이다. 녹음되어 있는 것은 Chapter 2 [20일 훈련편]과 Chapter 3 [테스트편]이다.

- Chapter 2 [20일 훈련편]은 **20일 완성**으로 되어 있다.

  1일째 ➡ 워밍업, 강약과 고저의 발음 차이를 연습
  2일째 ~ 14일째 ➡ **오늘 마스터할 리듬패턴과 그 리듬패턴에 맞는 문장**을 연습
  15일째 이후 ➡ 응용편, TAPE에 녹음되어 있는 것은 영어문장이다.
  　　　　　　　(리듬패턴은 책에 나와 있다.)

- Chapter 3 [테스트편]은 TAPE를 듣고 답을 적은 뒤에 **테스트 정답**을 보자.

> 💡 **TAPE는 헤드폰으로 듣는 것이 좋다!**
>
> ▶ 헤드폰으로 들으면, 왼쪽 귀로는 리듬패턴이, 오른쪽 귀로는 영어문장이 들린다.
>
> ▶ 왼쪽 귀는 우뇌에 연결되어 있어서, 리듬패턴의 특징을 감각적으로 느낄 수 있다.
>
> ▶ 오른쪽 귀는 좌뇌에 연결되어 있어서, 청취한 영어의 음과 의미를 이어주는 역할을 한다.
>
> 💡 가능한 한 텍스트(문자)를 보지 않고, TAPE만을 듣고, 발음을 따라해 보는 것이 가장 효과적인 학습방법이다.

준비편

까다로운 것에 자신이 없는 사람은
준비편을 건너뛰어 바로
20일 훈련편(P.50)의 연습을 시작해도 상관없다.
연습이 끝난 뒤에 [왜 이런 연습을 해야 하는가]를
알고 싶어질 때에 읽어도 결코 늦지 않다.

영어공부, 이런 악순환에 빠지기 쉽다!

효과 없는 영어학습 악순환표

START

공부하는 계기
- 해외여행
- 업무상 필요
- 영화 볼 때

↓

흥미가 생긴다
- 영어회화 책 구입
- 영어학원에 다님

↓

회화표현과 단어를 외우거나 듣는다

↓

말하고 싶은 것을 말할 수 없고, 잘 들리지도 않기 때문에 점차 의욕이 상실된다

↓

나는 역시 영어를 못해!라는 생각에 공부를 포기한다

↓

END

지금까지의 노력이 물거품이 된다. 공부한 게 아깝다, 아까워!

chapter **1**

1 나는 사이클의 어디쯤에 있나?

　　영어를 잘 하고 싶다는 생각이 들 때는 언제인가? 해외여행을 갈 때나, 영화를 볼 때, 영어를 하는 사람과 만났을 때, 업무상 비즈니스 회화가 필요할 때 등 어떤 계기가 있을 것이다. 또한, 해외여행에서 돌아오면 영어공부의 필요성을 절실히 느껴서 영어공부를 결심하는 사람도 많이 있다. 그래서 접하기 쉬운 영어 회화책을 사서, 처음에는 여러 가지 표현과 단어를 열심히 외우려고 노력할 것이다.

　　그러나, 웬일인지 오래가지 못하고 [역시 나는 영어를 못하나봐!] 하고 포기하고 마는 경우가 많다. 일단 포기한 후, 시간이 흐르고 나면 또 어떤 계기로 영어를 공부하고 싶어지는 악순환을 반복하는 사람도 많이 있을 것이다.
　　이 악순환의 원인은 단어나 문법, 영어회화의 지식이 없는 것 때문이 아니라 말을 배우는 바른 영어머리 사용을 알지 못하기 때문이다.

2 KenMc Method란?

　　이 책은 지금까지 한국인이 배워온 영어학습법과는 다른 [두뇌과학]이란 시점에서, 바른 머리 사용으로 여러분의 머리를 [영어머리]로 바꾸어 버리는 상식을 깨는 책이다.

　　이 책을 읽기 전에, 지금까지 해온 학습법은 모두 잊어 버리자. [얼마나 고생했는데, 왜?]라는 의문이 들겠지만, 결국은 효과 없이 끝나 버리기 때문에 지금까지의 방법은 도움이 되지 않는다.

　　그렇다면 어떤 방법이 여러분의 머리를 영어머리로 바꿀 수 있는가? 답은 매우 간단하다. 여러분의 머리에 숨어있는 [말을 배우는 능력]을 끌어내어,

다시 한번 [활력]을 넣어주면 된다. [활력]이 넘치는 뇌가 도대체 어떤 것인가는 실제로 해 보면 금방 알 수 있다.

[영어머리로 되어버렸어!] 이것은 경험한 사람들의 솔직한 느낌이다. **KenMc Method**는 잠재능력개발에도 도움이 되는 독특하고 획기적인 이론과 방법을 겸비한 학습법이다.

Chapter 2 [20일 훈련편]은 읽는 것만으로는 효과가 없다. TAPE에 맞추어 실제로 소리를 내고, 보사노바 음악에 맞춰, 몸 전체로 발음해야한다는 것을 생각하면서 연습하자. 그렇게 한다면 당신의 머리는 반드시 [영어머리]로 변할 것이다.

왜? 한국인은 영어를 못하나!

1 말의 원료는 발음

아이들은 발음을 통해서 말을 배운다. 문법부터 배우는 아이들은 없다. 뇌(공장)가 리듬패턴을 사용해서 발음(단어의 원료)을 우뇌에 넣고, 발음을 들을 수 있게 한다. 그리고 말(제품)로 가공하는 준비를 한다. 아이들이 따분한 문법을 몰라도 말을 하는 것은 뇌가 발음을 통해서 말을 배우기 때문이다.

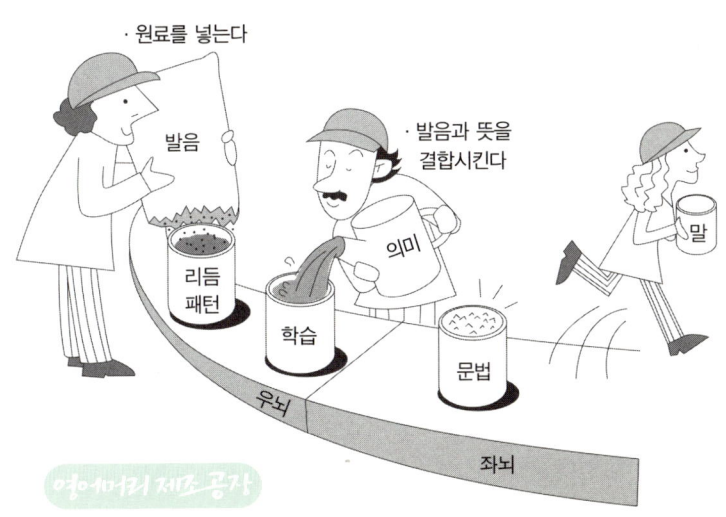

그런데, 여기에서 만약 문법과 의미를 말의 원료로 사용한다면 어떻게 될까? 원료를 투입해야 할 곳에 완성된 제품을 넣으려는 것이기에 아마 생산라인은 멈추게 될 것이다.

가공, 제조해서 제품을 만들어내는 공정이 이루어지지 않기 때문에 흉내와 반복, 암기에만 의존할 수밖에 없다. 이처럼 아무리 영어공부를 많이했어도 영어를 잘 하지 못하는 사람은 정상적인 학습방법으로 학습하지 않았기 때문에, 좀처럼 영어가 늘지 않았던 것이다.

말은 자신의 뇌를 사용해서 만들어진다. 여러분의 뇌를 바르게 사용하지 않는 학습법으로는 영어를 잘 할 수 없다.

2 리듬패턴에 발음을 넣는다 [용기]

말에는 두 종류가 있다. 하나는 의미를 전달하기 위한 [음](자음, 모음)으로서, 음악으로 말하면 가사에 해당하는 것이다. 또 하나는 그 음을 넣기 위한 [리듬패턴]으로 음악으로 말하면 리듬과 멜로디에 해당한다.

한국인은 음에 주의를 기울이는 경향이 있지만, 언어를 습득하는데 가장 필요한 것은 발음(말의 원료)을 우뇌에 집어넣는 장치, 즉 [리듬패턴]이다. 한국인의 학습방법을 노래를 배우는 것에 비유하면, 가사만을 보고 리듬과 멜로디를 상상해서 부르려는 것과 같다. 일반적으로, 먼저 리듬과 멜로디를 듣고 그 다음에 가사(단어)를 실어서 부르면 훨씬 자연스럽다.

영어도 이와 같이 리듬패턴으로 발음할 수 있게 되면 단어를 외우는 것이 쉬워진다. 다행스럽게도 리듬패턴은 누구라도 발음할 수 있기 때문에 이것이 가능하게 되면, 영어를 절반 이상 마스터했다고 말할 수 있다.

뇌에는 패턴을 인식하는 기능이 있기 때문에, 리듬패턴을 사용하면 뇌의 부담을 덜 수 있다.

chapter 1

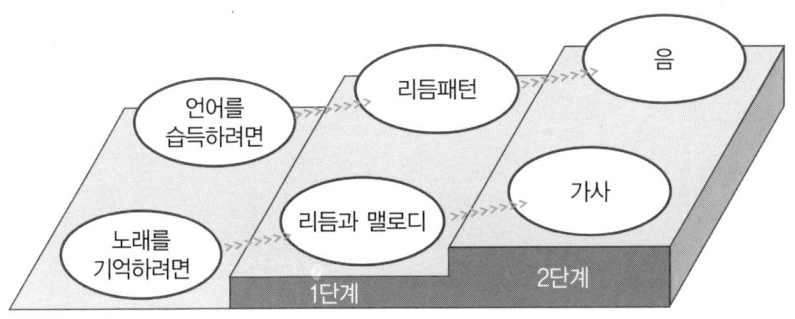

3 패턴인식이란?

　예를 들어, [수박은 어떤 모양이야?]라고 질문을 받으면 어떻게 대답하겠는가? 크기와 형태를 생각하여 [농구공, 배구공, 축구공과 닮았어!]라고 대답할지도 모른다. 또 [모차르트 음악은 어떤 것이야?]라는 질문에 랩 음악이라고 대답하는 사람은 없을 것이다. 당연히 클래식 음악이라고 대답할 것이다.

　패턴인식이라는 것은 닮은꼴의 한 그룹(패턴)으로서 분류하는 능력을 말한다. 뇌에는 이러한 [닮은꼴]을 그룹화해서(단순화해서), 다른 종류와 구별되게 하여 학습이나 기억을 도와주는 기능이 있다. 이 기능을 사용해서, [리듬패턴]으로 영어를 습득하려고 하는 것이 이 책의 학습 이론이다.

　다음 장에서 [리듬패턴]에 대하여 자세히 설명하겠다.

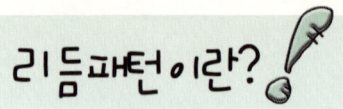

리듬패턴에 대한 설명에 들어가기 전에, 다음 문장을 영어답게 발음해 보자.

> I'll catch you tomorrow. 내일 또 봐.

어떤가? 어디에서 끊고, 어디에서 높이고, 강하게 또는 길게 발음했는가?

> I' ll | catch | you | tomorrow.

이처럼 단어마다 잘라서 발음하게 되면 상대방이 알아들을 수 없다. 또한 말하기도 어렵다. 그러면 어떻게 발음하는 것이 좋을까?

> I' ll catch you to morrow.
> p.83

이렇게 단어에 관계없이 발음을 하면 영어다운 발음이 된다.

chapter 1

　　점선으로 둘러싸인 부분(이것을 리듬 유닛이라고 함)은 몇 개의 단어와 단어의 일부를 한 덩어리로 발음하는 발음의 단위이다. 영어는 [리듬 유닛]이라고 하는 [단위]로 나눠서 발음하면 영어답게 들린다. 그러나 이것만으로 영어다운 발음이라고 말하기에는 충분하지 않다.

1 지금부터 리듬상자 등장

[d>D-d · d>DA-d#]

p.82

　　이 기호는 영어를 발음할 때 영어다운 발음을 위해, 강약과 고저, 즉 악센트와 억양을 단순화(기호화)한 것으로, [리듬패턴]을 시각화한 것이다. 다음 페이지의 예문을 보면, 리듬패턴에서 색깔로 분류된 곳이 예문과 각각 대응하고 있는 것을 알 수 있다.
　　대응하는 부분을 알아도, [리듬패턴의 기호는 어떻게 발음하는가?] 하는 의문이 생긴다. 그래서 어떻게 발음하는지를 그림으로 표시했다.

영어머리란? 27

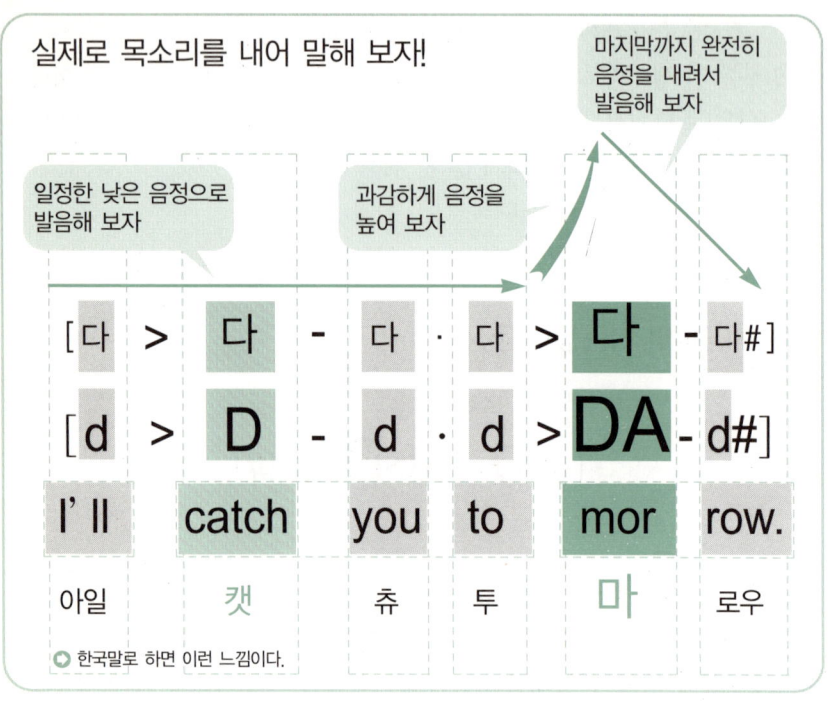

- [d] ➡ 약하고 짧게. 정확히 말하면 [다]라기 보다 [드]를 짧게 끊어서 발음하는 느낌에 가깝다.
- [D] ➡ 강하게 발음한다. [d]보다 조금 길게 발음한다.
- [DA] ➡ [D]보다 좀더 강하고, 높고, 길게 발음한다.
- [#] ➡ 한 문장의 매듭을 나타낸다.

[)]와 [#]는 단락 짓는 기호로, 발음하는 것이 아니다. 한글부분만 발음한다.

    한글로 표기된 리듬패턴을 되풀이하여 발음한 후에, 조금 전의 영문을 색깔이 들어간 부분에 주의하면서 발음해 보자. 어떤한가? 왠지 영어다운 발음으로 들리지 않는가? 이것으로 반은 성공한 것이다.

chapter 1

그런데, 아직도 잘 모르는 기호가 있다. [>]는 무엇을 나타내는 기호일까? [>]는 [timing juncture]라고 해서, 발음 단위(리듬 유닛)의 경계를 표시하는 기호이다.

> 반 유닛 〉 리듬 유닛 〉 리듬 유닛
> I'll > catch you to > morrow

색다른 발음의 구분방법이다. 그래도 서양인은 무의식적으로 이러한 구분으로 발음하고 있다.

■ 반유닛
강한 리듬([DA], [D])이 없이 약한 리듬인 [d]만으로 구성된 리듬 유닛

■ timing juncture
발음 단위(리듬 유닛)의 경계를 표시하는 기호.

그러면, 이 예와 같은 리듬패턴을 갖는 문장을 조금씩 연습해 보자.

It's hard to i magine.
It's hard to imagine.   p.83
상상하기 어렵네요.

I think you're mis taken.
I think you're mistaken.
당신이 실수했다고 생각해요.

[d>D-d · d>DA-d#]

영어머리란? 29

다음 리듬패턴으로 들어가자.

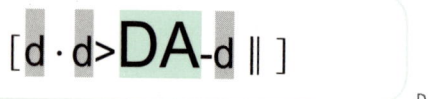

p.88

이전의 리듬패턴과 조금 다른 점은 마지막의 [#]부분이 [∥]으로 바뀐 점이다. 차이점은 아래의 그림과 같다.

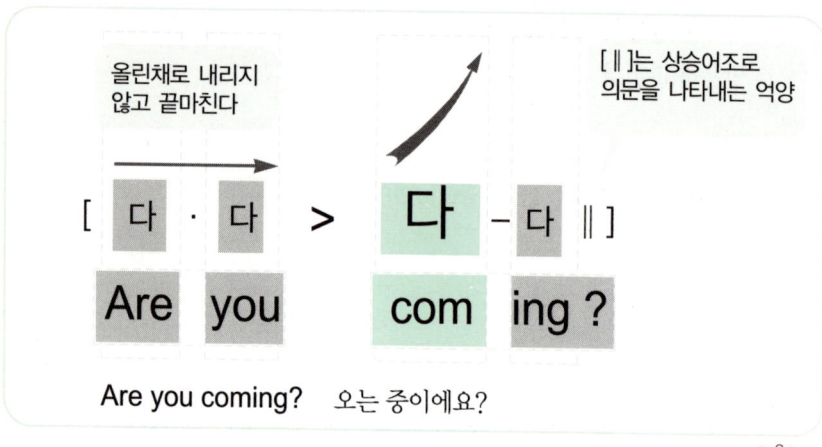

p.89

이 장에서는 리듬패턴에 대해서 대략적으로 알면 된다. 리듬패턴을 철저하게 연습하는 [20일 훈련편]에서 TAPE를 들으며 실제로 발음해 보자.

chapter 1

2 리듬상자

여기에서 잠깐 리듬패턴을 시각적으로 잡아주는 도구를 소개하겠다. 다음 10가지 예문을 화살표와 사각형 모양을 보면서 발음해 보자.

[리듬상자]라는 것은 영어 발음의 패턴을 시각적인 형태로 나타낸 것으로, 발음의 패턴을 머릿속에서 쉽게 연상하도록 도와주는 것이다. 리듬패턴 연습이 잘 되지 않을 때, 패턴을 시각적으로 연상하는 것이 도움이 된다.

■ 리듬상자
  리듬 유닛인 [ ])로 구분된 발음의 단위를 그림화한 것

다음 예를 리듬상자를 연상하며 발음해 보자.

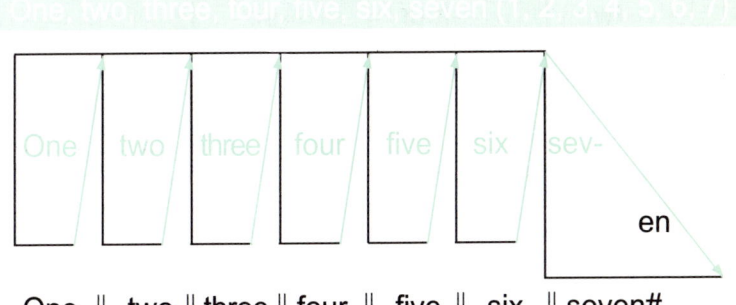

One ‖ two ‖ three ‖ four ‖ five ‖ six ‖ seven#

■ 표현
  [‖]는 상승어조로, 의문을 나타내는 억양
  [#]는 하강어조로, 말이 끝나는 것을 나타내는 억양

영어머리란? **31**

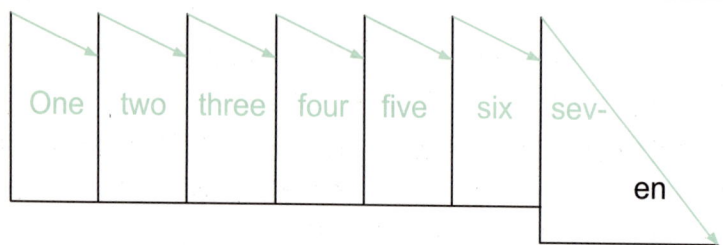

> [|]는 중간 음정으로, 말이 계속되는 것을 나타낸다.

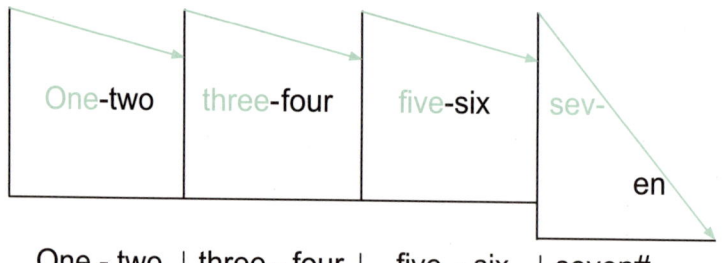

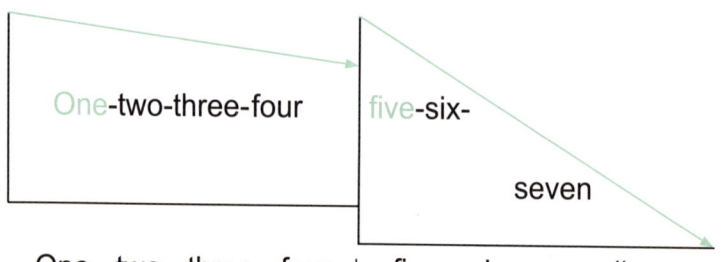

chapter 1

I can't remember. 기억이 나지 않아.

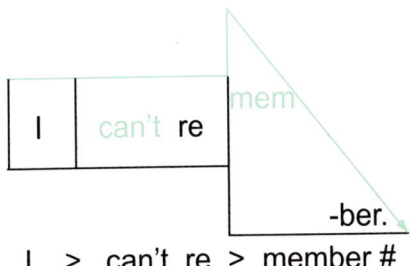

I > can't re > member #

■ 주의

[>]는 리듬 유닛의 경계를 표시하는 기호

Could you tell me again? 다시 한번 말해 주시겠어요?

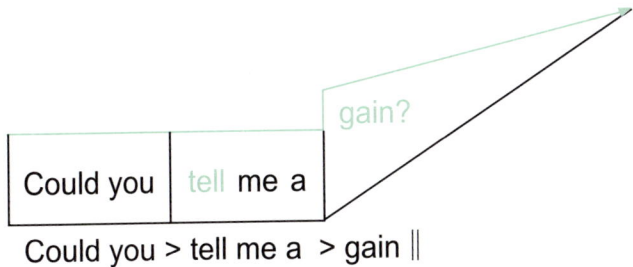

Could you > tell me a > gain ‖

Hi, are you OK? 안녕, 잘 지냈니?

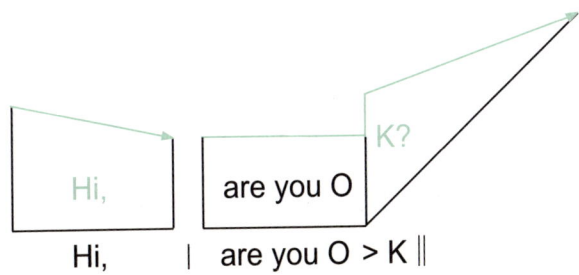

Hi, | are you O > K ‖

영어머리란? 33

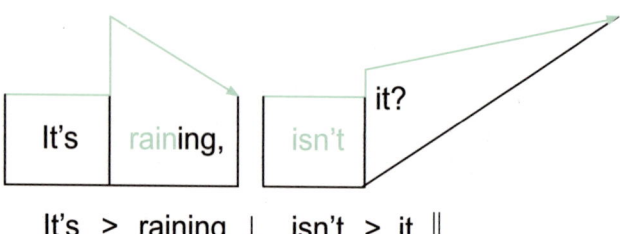

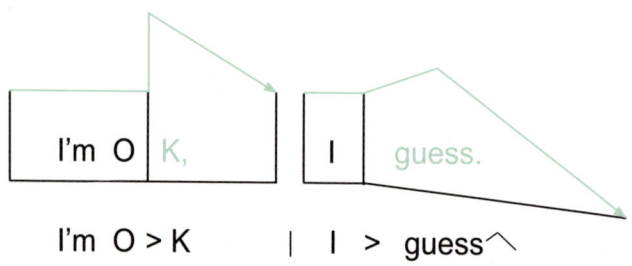

> ■ 주의
> [⌒]는 일단 올린 후 내리는 억양. 친근함을 표시할 때의 억양.

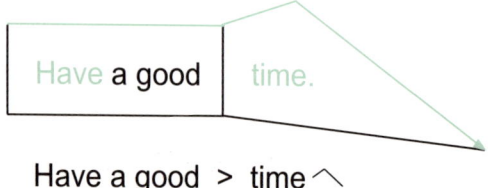

chapter **1**

다음에는 영어가 안 되는 원인에 대하여, [한국인의 뇌]라고 하는 생리학적 측면과 [한국어]라고 하는 문화적 측면을 통해서 분석해 보겠다.

─────── ● 여기까지 읽은 분에게 ● ───────

➡ 이론을 확실하게 알고 싶은 사람은 순서대로 읽자.
➡ 빨리 실전에 들어가고 싶은 사람은 Chapter 2 [20일 훈련편]으로 가자.

좌뇌와 우뇌는 각각 맡은 역할이 있다

우뇌는 직감력과 공간인식에 뛰어나, 공간적 구조를 꿰뚫어 보고 전체적인 특징을 한 순간에 직감적으로 파악하는 능력이 있다. 즉, 다양한 정보를 수집하는 능력이 특기이다. 그리고 좌뇌는 우뇌가 모은 정보를 분석, 분류하는 것이 특기이다.

언어는 먼저 우뇌가 정보를 수집하는 것으로부터 학습이 시작된다. 우뇌는 감각기능(직감)을 사용하여 정보를 수집한다. 감각기능은 무조건반사라고도 불리는데, 무의식적으로 느끼는 대로 정보를 수집하는 기능이다. 머리는 주로 청각, 시각, 운동감각을 사용하여 언어를 기억한다. 그러므로 감각기능을 잘 사용하는 것이 영어를 빨리 습득하는 지름길이다.

아이들은 공부를 하지 않고서도 무의식적으로 감각기능을 잘 사용하므로, 언어를 빨리 자신의 것으로 만들어 버린다. 특히, 아이들은 주위로부터 들려오는 언어의 특징적인 음(리듬패턴)만을 뇌에 기억한다.

그리고 감각기능을 사용하여 얻은 정보(리듬패턴을 사용하여 얻은 다양한 발음정보)를 바탕으로, 좌뇌가 분석하여 어휘나 문법, 그리고 의미를 정리해 주는 것이다.

chapter **1**

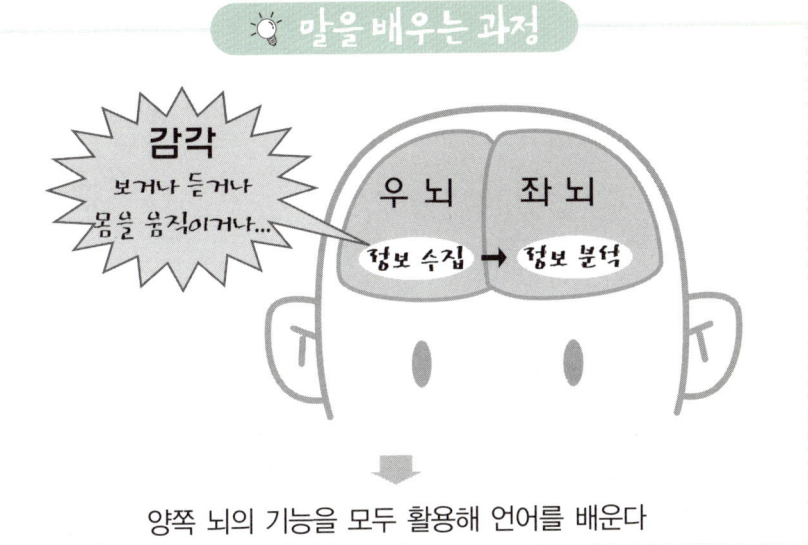

양쪽 뇌의 기능을 모두 활용해 언어를 배운다

1 아이들은 양쪽 뇌를 모두 사용하여 말을 배운다

　간단히 말해서, 아이들은 노는 동안에도 자연스럽게 말을 익힌다. [놀다]라는 것은 보거나, 듣거나, 만지거나 하는 감각(우뇌)을 전부 사용하는 것이다.
　그러나, 어른은 아이들과 같지 않다. 그것은 이미 한국어를 말할 수 있기 때문이다. 한국인들은 이미 한국어를 사용하고 있어, 청각, 시각, 운동감각이 한국어에 익숙해져 있어서, 영어를 쉽게 받아들일 수 없게 만든다. 그렇다고 감각 기능이 다르므로 [이제 영어는 힘들다]라고 생각하는 것은 잘못된 생각이다. 영어에 맞는 새로운 감각을 사용할 수 있도록 다시 연습하면 된다.

　뇌의 기능을 살리는 운동감각을 갖추는 것이 영어를 잘 할 수 있는 가장 빠른 방법이다. **KenMc Method**에서는 보사노바 리듬에 맞추어 몸을 움직이며 발음을 한다. 지금까지 영어에 고생했던 사람이라도 이 방법이라면 **영어머리로 바꾸는 것이 가능하다.**

종래의 문법부터 시작하는 영어학습으로는 뇌에 큰 부담을 주어 영어가 잘 들리지 않고, 영어 공부를 재미없게 만든다.

KenMc Method에서는 발음부터 시작하므로, 영어가 잘 들릴 뿐 아니라 즐거운 학습이 되는 것이다.

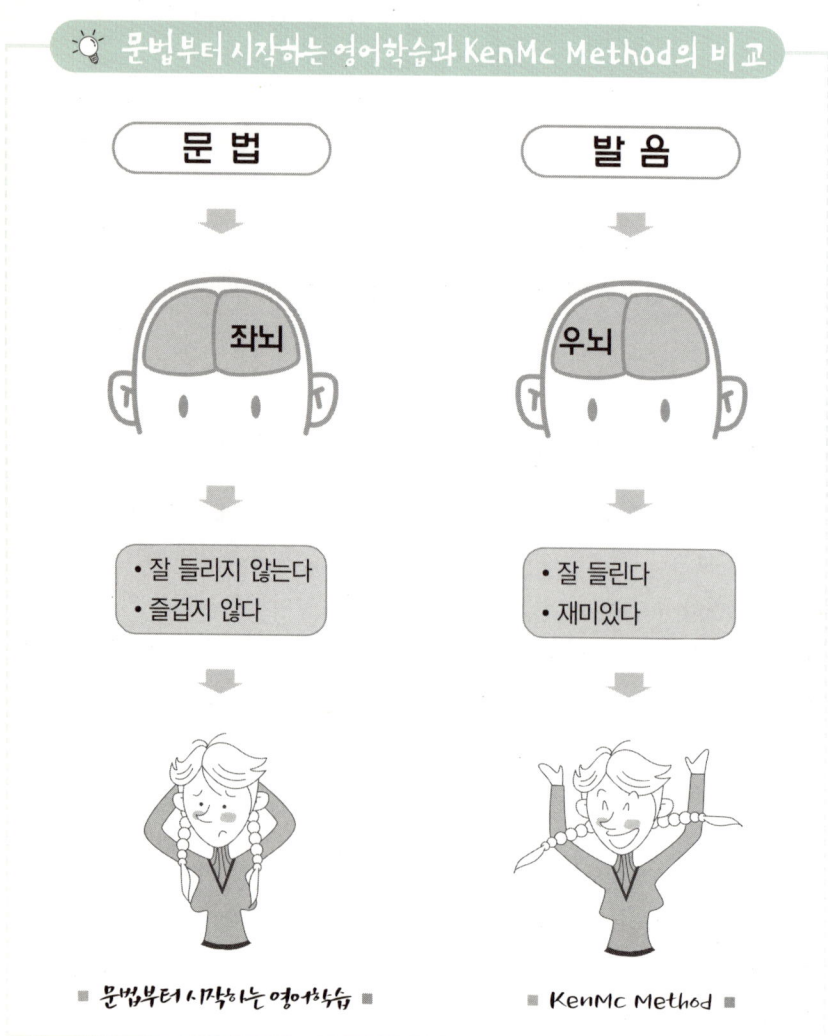

2 한국인의 뇌와 영어를 하는 외국인의 뇌는 이렇게 다르다

첫째, 한국어는 모음을 중심으로 한 언어이기 때문에, 발음구조가 간단하고 발음하기 쉽다는 점에 비해, 영어는 자음을 중심으로 하는 언어이기 때문에, 발음구조가 복잡하고 발음하기 어렵다라고 말할 수 있다.(자음이라고 하는 것은 a, i, u, e, o 이외의 것을 말한다.)

둘째, 한국어와 영어의 주파수 차이이다. 한국어는 주파수가 낮은 언어이고, 영어는 주파수가 높은 언어이다. 평소 낮은 주파수로 말을 듣고 있는 한국인에게 영어의 고주파는 잡음으로 들리기 때문에 잘 알아들을 수 없지만, 외국인에게는 한국어가 주파수가 낮아서 알아듣기 쉽다.

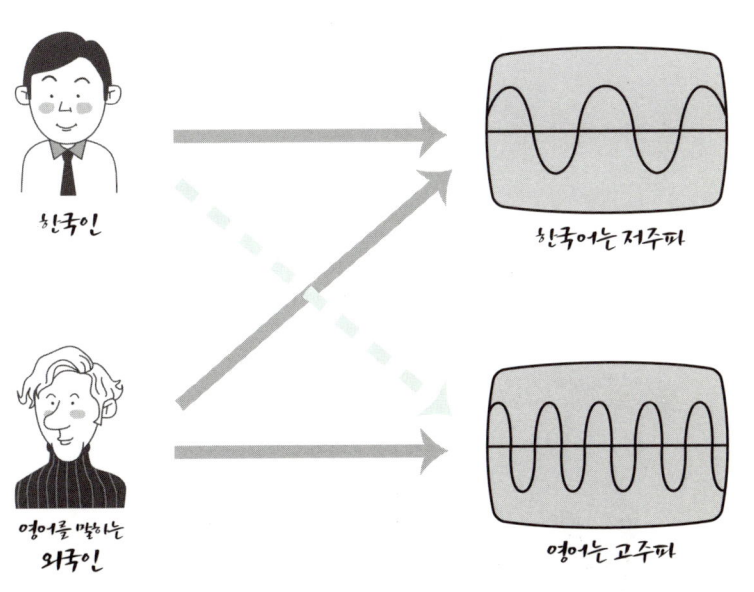

이러한 특징을 살려, [고주파를 듣는 훈련]으로 영어의 청취력을 기르는 학습법도 있다.

그러나 이 방법으로 고주파를 들을 수 있게 하는 효과가 있지만, 머리 안에서 말을 원활하게 만들기에 충분하지 않다. 게다가 고주파만을 듣는 것은 효율적이지 않다. 실제로 고주파를 많이 포함하고 있는 클래식 음악을 많이 듣는다고 해서 영어가 들리는 것은 아니다. 말소리의 고주파는 악기의 고주파와는 다른 뇌 부분에서 인식하기 때문이다.

영어를 말할 수 있는 외국인과 말할 수 없는 한국인의 결정적인 차이는 [뇌의 사용방법]에 있다. 한국어는 발음 구조가 간단하다. 그리하여, 본래 우뇌에서 처리해야 할 발음을 좌뇌에서 처리해 버리는 것이다. 이에 비해 발음구조가 복잡한 언어는 우뇌에서 발음을 처리하는데, 이것은 정보를 수집하는 우뇌의 기능 때문이다.

chapter 1

뇌에서 소리를 어떻게 처리하는지 한국인과 외국인의 차이를 그림으로 비교하면 다음과 같다.

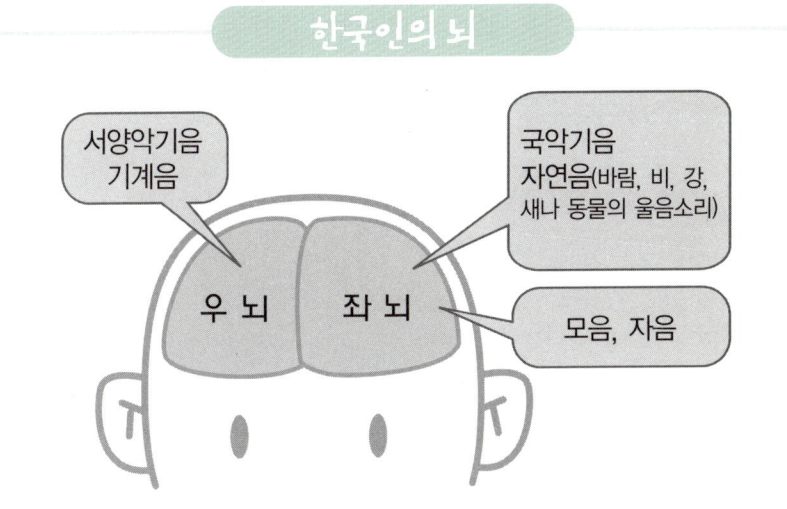

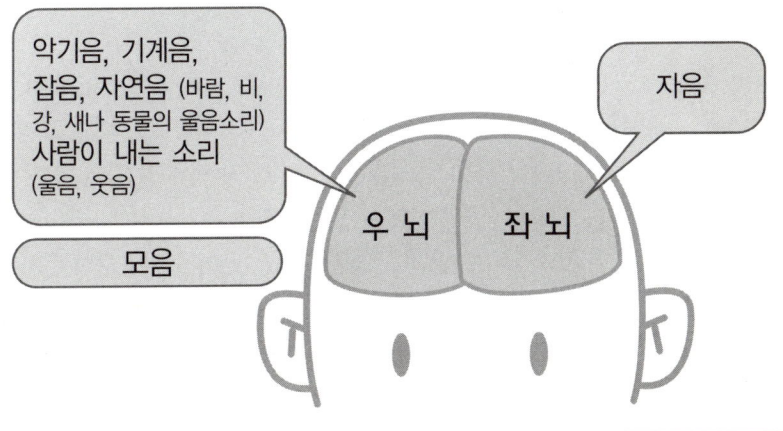

영어머리란? 41

그림을 보면, 악기음, 기계음, 자음을 제외하면, 한국인과 외국인은 완전히 반대로 소리를 듣는다. 물론 모두 다 그렇다고 할 수는 없지만 대부분은 그러하다. 자음만이라도 우뇌에서 처리할 수 있으면, 영어 듣기는 훨씬 쉬워질 것이다. (복잡하게 연속된 자음은 우뇌에서 처리하는 편이 더 잘 들리기 때문이다.)

앞의 그림은 성인을 대상으로 한 실험 결과이다. 외국인도 갓난아기 때에는 말소리를 전부 우뇌에서 듣는다. 발음과 의미가 서로 연결되면, 자음은 좌뇌에서 인식하게 된다.

영어와 한국어는 뇌 안에서 모음이 서로 다르게 기능한다. 예를 들어 한국어에서 [이]라고 하면, [모음 이], [치아 이], [조사 이], [사람을 뜻하는 이] 등 몇 가지의 다른 의미가 있다. 즉, 모음이 의미와 깊은 관계를 가지고 있어서 자음만으로 의미의 차이를 나타낼 수는 없다.

다음 예는 영문과, 그에 대응하는 한국어의 문장을 모음을 빼고 나타낸 것이다.

영어   1. Kn_ck _t th_ d_ _r.   2. L_t's g_ f_sh_ng.

한국어   1. m_n_ln_kh_s_ _.   2. N_ks_h_r_g_z_.

첫 번째는 [Knock it the door. 문을 노크하시오.] 두 번째는 [Let's go fishing. 낚시하러 가자.]이다. 영어는 모음이 없어도 자음만으로도 대충 그 의미를 알 수 있지만, 한국어는 모음이 없으면 무슨 소리인지 전혀 알 길이 없다.

다시 한번 한국인의 뇌 그림을 보면 한국인은 우뇌를 사용하여 듣는 소리로 서양악기음이 있다. 나는 서양악기음에 주목하여 한국인이 우뇌에서 들을 수 있는 소리를 이용함으로써, 영어가 머리속에 자연스럽게 들어오는 것을 깨달았다.

chapter 1

    그래서 나는 보사노바라고 하는 서양음악을 영어 레슨의 배경음악으로 이용하였다. 한국인이 우뇌에서 들을 수 있는 음악이라는 점뿐만 아니라, 보사노바 리듬이 영어 리듬과 상당히 닮아 있는 점도 큰 이유라고 할 수 있다.

    영어 리듬도 보사노바 리듬과 같은 홑박자이다. 그러므로 KenMc Method에서는 보사노바 리듬을 듣는 것으로, 처음 단계부터 한국인의 뇌를 영어에 친숙한 상태로 만드는 것이 가능하다. 여기에 우뇌의 기능을 이용하는 리듬패턴을 더하면 더욱 효과적이다.

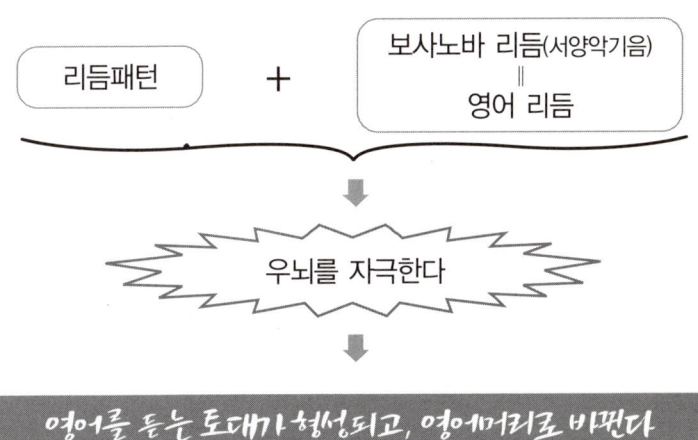

3 한국인은 한자어를 사용한다

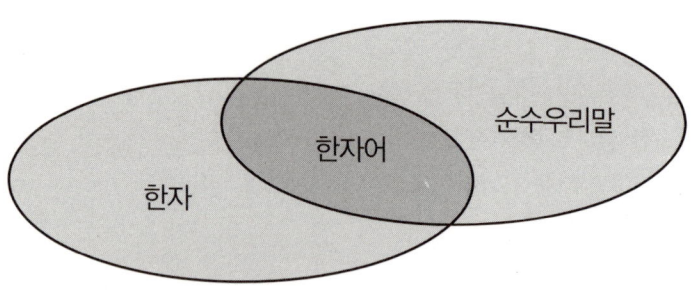

한국인은 왜 영어에 콤플렉스를 가지고 있는가? 그것은 한자와 깊은 관계가 있다. 한국이 아주 오래 전에 중국으로부터 한자를 받아들인 것은 주지의 사실이다.

한국인의 선조는 한자를 수입할 때에 중국의 발음까지도 받아들인 것이다. 이른바 [한자어]라는 것이다. 그리고 한국인은 고유의 말인 [순수 우리말]도 가지고 있다. 한자어, 순수 우리말이 있다는 것은 하나의 한자에 발음과 의미가 섞여 있다는 것을 의미한다.

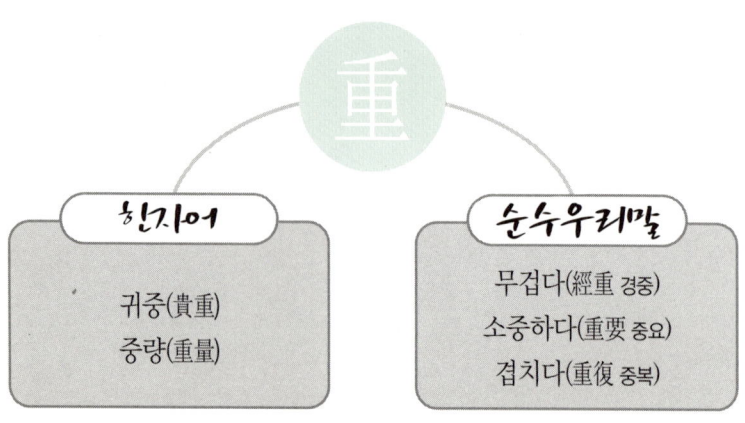

또, 한국어는 동음이의어(발음은 같지만 의미는 다른 말)가 많은 것으로 알려져 있다.

예

> 배 - 船(ship) 梨(pear) 腹(belly)
> 쓰다 - 用(use) 書(write) 苦(bitter)
> 장기 - 長技(특기) 長期(오랜 기간) 將棋(장기놀이)

다시 말해, 한국어는 발음의 차이만으로는 의미를 잘 파악할 수 없는 언어이다. 이에 비하여, 영어는 기본적으로 발음이 바뀌면 의미도 달라진다. 즉 발음의 차이로 의미의 구분이 가능한 것이다.

한국어
발음만으로 의미를 파악하기 힘든 언어

영어
발음으로 의미 파악이 가능한 언어

앞서 말한 바와 같이, 한국어는 동음이의어가 많은 언어로서, 발음만으로 구분해서 사용하는 것이 어렵다. 그래서 필연적으로 발음을 경시하게 되고, 문장의 전후관계를 살펴 의미를 파악하고자 하는 습관이 몸에 배어 버린 것이다.

chapter 1

예를 들어, [배가 있습니까?]라고 질문을 받았을 때, 우리들은 무의식적으로 여러 의미를 떠올린다. 문맥(전후관계)으로 보아 쓰일 수 있는 것이, [먹는 배], [타는 배], [신체 일부의 배] 등 여러 개가 있다. 이 중에서 말의 경과나 내용으로 판단해 몇 개 또는 한 개로 선택해야만 한다.

그렇기 때문에 본래 의미나 문법을 처리하는 좌뇌가 발음까지도 처리하게 된다. 좌뇌에서 소리(발음)를 처리하는 구조가 되어 버린 한국인들은 발음구조가 복잡한 영어에서도 똑같이 좌뇌에서 처리하려고 한다.

그러한 이유로, 뇌가 완전히 대응할 수 없게 되고, 영어를 장시간 듣고 있으면 멍해지거나, 졸음이 오거나, 피로를 느끼게 되어 나중에는 영어가 싫어지는 것이다.

마지막으로, 다음 페이지에 내가 제안하는 **KenMc Method**의 특징과 학습의 순서를 다시 한 번 정리해 보았다.

KenMc Method의 특징과 학습의 순서

보사노바 리듬
1. 보사노바 리듬은 한국인이라도 우뇌에서 들을 수 있도록 만드는 음악의 한 종류
2. 보사노바 리듬은 영어 리듬과 일치한다.

리듬패턴
영어 특유의 리듬을 쉽게 잡아내기 위하여 세계에서 처음으로 개발된 영어학습법으로, 이 방법을 습득하는 것으로 머리에 영어의 영역을 만드는 것이 가능하다. 여기서부터 진짜 영어의 습득이 시작된다.

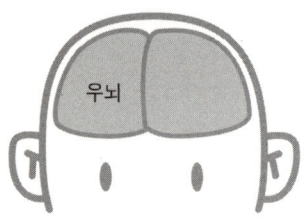

우뇌를 활성화시키려면, 감각의 활용이 우선이다.
1. 몸을 움직여 뇌를 자극하고,
2. 보사노바 리듬으로 음감을 자극하여 리듬감을 기르고,
3. 영어의 리듬패턴을 기억하기 쉽게 하고,
4. 발음을 잘 들을 수 있게 하여, 바른 정보를 받아들일 수 있게 한다.
5. 그 정보를 바탕으로 뇌가 활동하여 [영어머리 만들기]가 시작된다.

20일 훈련편

리듬패턴을 어느 정도 연습한 사람은
15일째 응용편(P.132)을 연습하도록 하자.
만약 14일까지 연습했지만, 리듬패턴이 익숙하지 않다면,
잘 안되는 리듬패턴을 찾아서
다시 연습하도록 하자.

워밍업

낮은 음정을 유지하면서 강하게 발음한다. 또는 높은 음정을 유지하며 약하게 발음한다. 이런 연습을 통하여 음의 강약과 고저를 자유자재로 다룰 수 있게 된다.

지금부터 실제로 연습에 들어가지만, 제1장의 리듬패턴의 설명만으로는 정확하게 발음하는 것이 어렵다. 특히 음의 강약과 고저는 까다롭기 때문에 실전에서 확인하도록 하자. TAPE를 들으며 실제로 발음해 보자.

1 강약 레슨

낮은 음정을 유지하면서 다부분만을 강하게 발음한다.

1-A

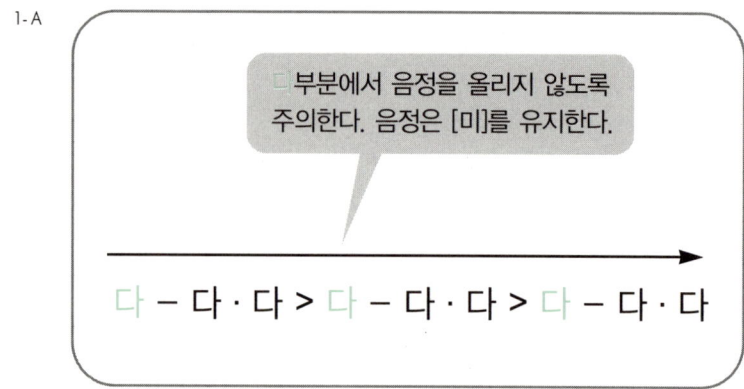

2 고저 레슨

다는 강하게 발음하지 않고 음의 높이만 한번에 올린다. 이것은 한국인이 잘 알아들을 수 없는 고주파에 익숙해지기 위한 연습이므로 착실하게 연습해야 한다.

1-A

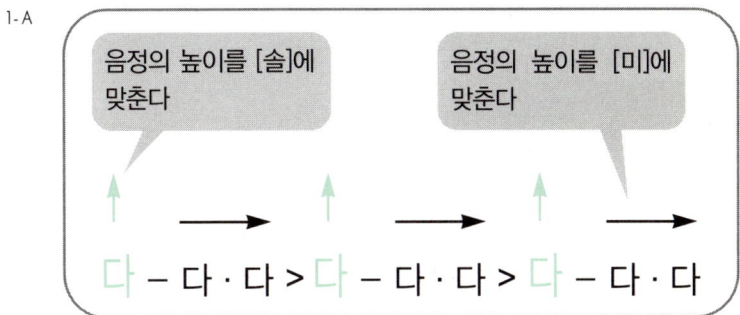

3 강약과 고저 레슨

강약과 고저를 조화시키는 연습이다. 다는 높고 강하게 발음한다.

1-A

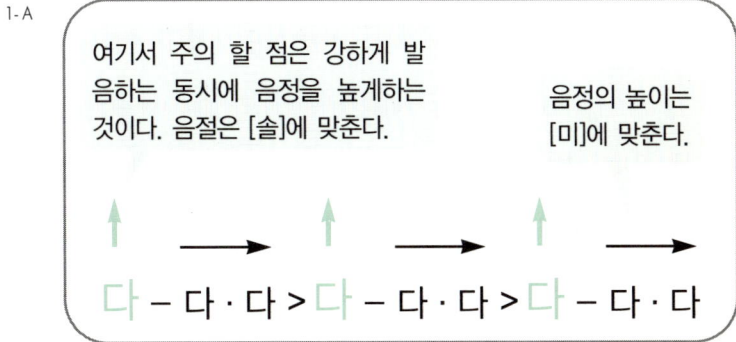

강하게 발음하려고 하면 음정이 높아져 버리고, 음정을 낮추면 강하게 발음할 수 없기 때문에, 반드시 몸을 움직이면서 발음을 하는 것이 중요하다. 음정을 올리는 효과적인 운동에는 발음과 동시에 주먹을 어깨 높이까지 올리는 방법이 있다.

이렇게 하면 강하고 높게 발음하는 것이 편해진다. 음정의 높이를 참고로 표시하겠다. 피아노 등의 악기를 가진 사람은 악기를 이용하여 연습해 보자.

(f = 포르테는 강하게 연주하는 마크)

1 → 50쪽 ① 강약 레슨
2 → 51쪽 ② 고저 레슨
3 → 51쪽 ③ 강약과 고저 레슨

오늘의 발음체조

chapter 2 | 이틀째

발음은 운동이다. 먼저 영어다운 발음을 하기 위한 기초 체력을 만들자.

| 영어 | **strike** | 1 |

| 한국어 | 스 트 라 이 크 | 5 |

　　strike를 한국어로 발음하면 스트라이크가 된다. 영어에서는 1음절로 발음하는 것에 비해, 한국어에서는 5음절로 발음하지 않으면 안 된다. 1:5라는 차이는 영어의 음절을 발음하기 위해서는 5배의 속도를 가져야 한다는 것이다. 게다가 영어답게 발음하기 위해서는 속도뿐만 아니라 강하게 발음하기 위한 근력과 숨의 세기도 요구된다.

　　이 차이는 발음할 때, 서로 다른 운동특성을 가지기 때문이다. [5음절을 단숨에 1음절로 발음한다.] 이러한 말의 차이를 극복하려면, 발음기관을 집중적으로 단련할 필요가 있다.

　　소위 영어다운 발음을 하기 위한 체력 만들기이다. 매일 규칙적으로 연습을 한다면, 누구라도 발음은 좋아진다. 발음 체조를 꾸준히 연습하여, 정확한 발음을 할 수 있도록 만들자. 정확한 발음 습득의 비결은 집중적으로 연습하는 것 뿐이다. 질질 끌면 효과가 없다.

먼저 발음 기관의 명칭을 기억해 두자.

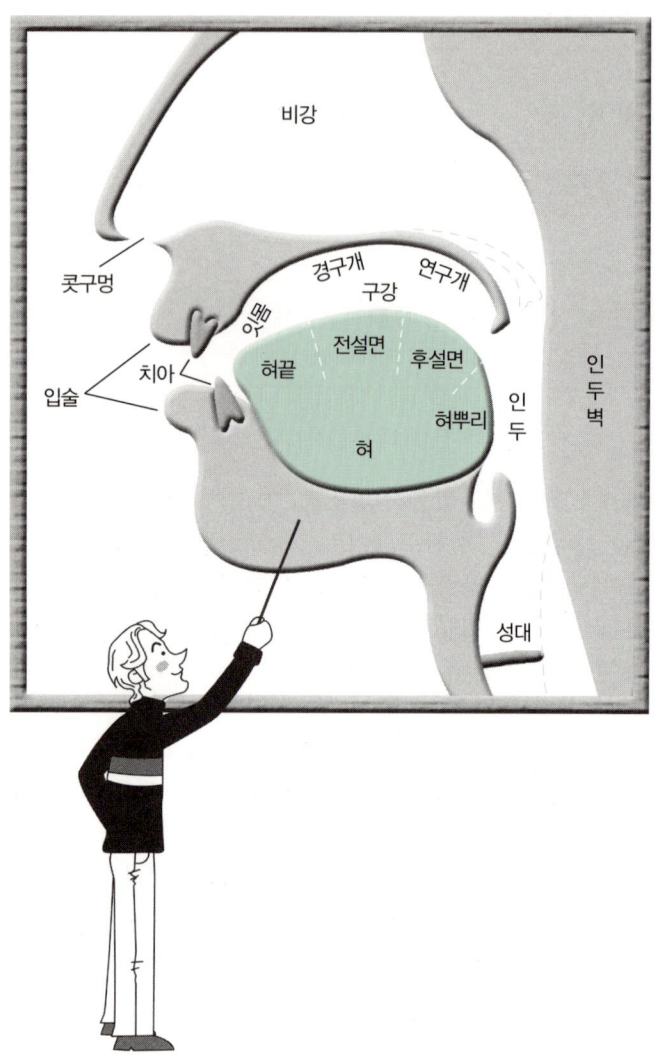

chapter 2 | 이틀째

턱 근력 트레이닝

① 입의 개폐운동 1

힘껏 입을 크게 벌리고, 옆으로 잡아당기듯이 벌린다.

1. 입을 벌린 채로 10초간 있는다.
2. 입을 닫고 5초간 쉰 다음, 다시 입을 10초간 벌린다.
   이것을 3회 반복한다.

② **입의 개폐운동 2**

1. 천천히 입을 크게 벌리고, 1~2초간 정지한 후 입을 다문다. 이것을 10회 반복한다.
2. 5초간 쉰 다음, 1을 다시 한다. 이것을 3회 반복한다.

▼ ②에서는 천천히, ③에서는 빠르게

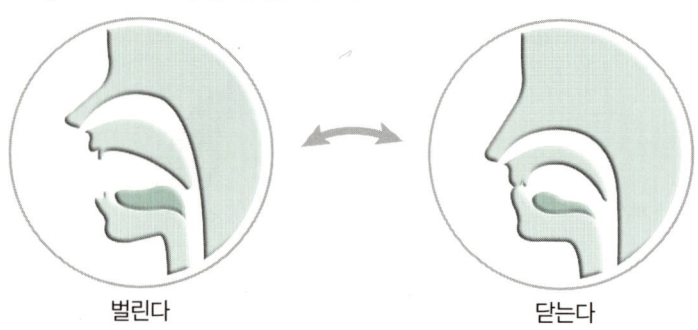

벌린다   닫는다

③ **입의 개폐운동 3**

1. 가능한 한 빨리 입의 개폐운동을 10회 반복한다.
2. 5초간 쉰 다음, 1을 다시 한다. 이것을 3회 반복한다.

간단한 리듬패턴

효과적인 연습방법은 TAPE만을 들으면서 발음하는 것이다. 책을 보면서 발음하면, 문자에 의지해 버리기가 쉽기 때문이다. 처음에는 무엇이라고 하는지 잘 몰라도 들리는 대로 발음해 보자. 익숙해지면 한번에 들리게 된다.

1 TAPE를 들으면서 리듬패턴을 발음해 보자

1-A 오늘 마스터 할 리듬패턴

    1 [DA-d#]
    2 [DA-d·d#]

■ 리듬패턴의 복습

- [d] ➡ 약하고 짧게 발음
- [D] ➡ 강하고 길게 발음
- [DA] ➡ [D]보다 더 강하고 길고 높게 발음
- [#] ➡ 문장이 끝나는 것을 나타내는 억양
- [)] ➡ 리듬 유닛의 구분

▶ 리듬패턴의 연습방법은 174쪽의 Q&A 참조.
▶ 184쪽에 리듬패턴을 발음하는 방법이 있다.

2 리듬패턴에 맞는 영문을 발음해 보자

1-A ① [DA-d#]

1 **Nothing**.   아무것도 아니에요.
2 **Shut** up!   입 다물어!
3 **Thank** you.   고마워.
4 **Welcome**!   잘 오셨어요!
5 **Sorry**.   미안해.
6 **See** you.   또 봐.
7 **Damn** it!   빌어먹을!
8 **Do** it!   해!
9 **Stop** it!   그만둬!
10 **Super**!   훌륭해!

1-A ② [DA-d·d#]

1 **Wonderful**!   훌륭해!
2 **Certainly**.   물론이죠.
3 **Marvelous**!   대단해!
4 **Beautiful**!   예쁘다!
5 **Excellent**!   훌륭해!
6 **Probably**.   아마도.
7 **Possibly**.   그럴지도.
8 **Dynamite**!   훌륭해!

chapter 2 둘째

9 **Champion**! 아주 대단해!
10 **Sick** of **it**. 지긋지긋 해.

오늘의 발음체조

자음을 연습할 때 모음을 동반하지 않도록 주의한다.

 트레이닝 1

① [p̊]

1. 소리도 숨도 내지 않고, 아랫입술을 윗입술에 재빠르게 붙였다가 뗀다. 가능한 한 빠르게 연속적으로 하는 것이 포인트이다.
2. 입술을 떼는 순간 [ㅍ]소리가 나는데, 이 소리가 분명하게 들리면 합격이다. [p] 위의 동그라미는 무성음을 나타낸다.

[p̊-p̊-p̊-p̊-p̊-p̊-p̊-p̊-p̊-p̊-p̊-p̊-p̊-p̊-p̊-p̊]

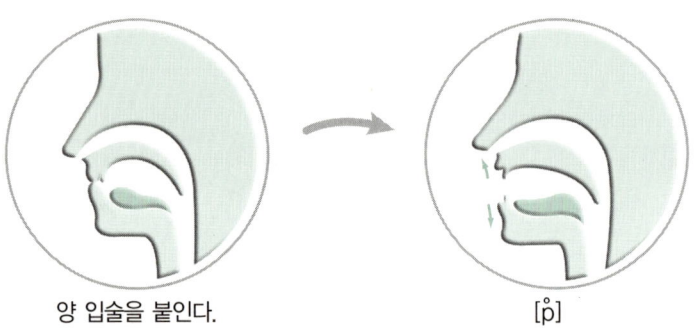

양 입술을 붙인다.   [p̊]

② [pʰ]

①과 같은 요령으로, 이번에는 숨을 강하게 내뱉는 운동이다.
1. 두 입술을 뗄 때에 순간적으로 숨을 모았다가 강하게 내뱉는 것이 포인트이다.

2. 이 때 입 앞에 티슈를 대어, 숨을 빠르고 강하게 내뱉었는지 확인해 보자.

[pʰ-pʰ-pʰ-pʰ-pʰ-pʰ-pʰ-pʰ pʰ-pʰ-pʰ-pʰ-pʰ-pʰ-pʰ-pʰ]

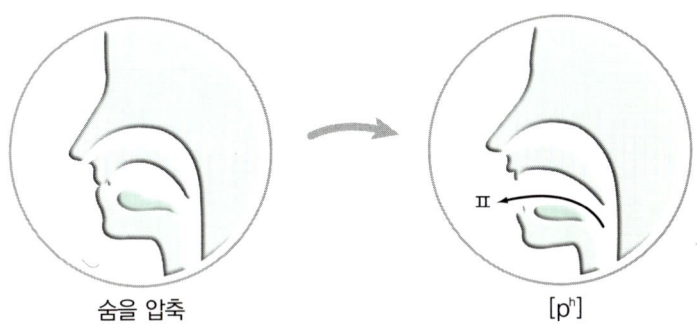

숨을 압축   [pʰ]

■ 주의

숨을 강하게 내뱉기 위해서는 [pʰ]의 발음을 오래할 수 없다. 그래서 8회를 하나의 단위로 하여 계속 발음한다. [pʰ]의 [ʰ]는 숨이 강하게 나오는 것을 나타내는 기호이다.

③ [m]

①과 비슷한 요령으로, [m]음을 연속해서 발음한다. 한국어와 다른 점은 두 입술을 강하게 붙이는 것이다.

[m-m-m-m-m-m-m-m-m-m-m-m-m-m-m-m]

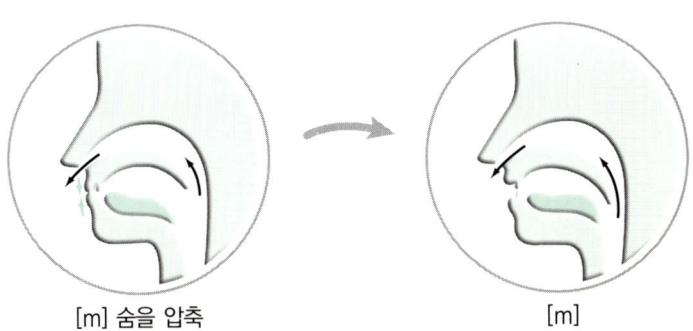

[m] 숨을 압축   [m]

④ [mpʰ]

이번에는 두 입술을 꽉 다물고 [m]을 발음하고, 숨을 내뱉을 때에 강하게 [pʰ]를 발음한다. [음프]라고 발음하는 소리에 가깝다.

[mpʰ-mpʰ-mpʰ-mpʰ-mpʰ-mpʰ-mpʰ-mpʰ-mpʰ-mpʰ]

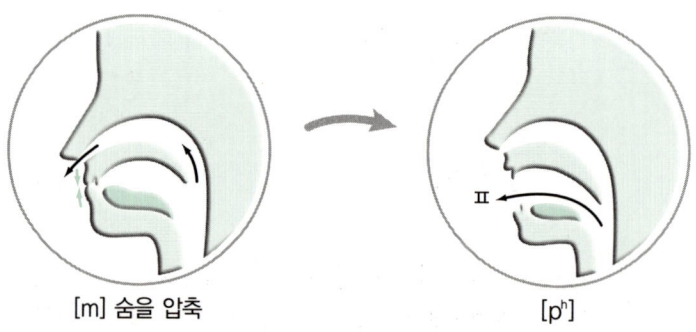

[m] 숨을 압축 　　　　　　　　[pʰ]

> **주의**
> 앞의 발음 연습은 속도를 내어 발음하는 것이 중요하다. 1분 동안 할 수 있는 횟수를 기록하고, 횟수를 늘릴 수 있도록 연습하자.

2개의 리듬 유닛으로 이루어진 리듬패턴 1

먼저 [d]와 [DA]로 구성된 간단한 리듬패턴부터 시작해보자.
[d]로 시작하는 첫 리듬 유닛을 반 유닛이라고 한다.

1 TAPE를 들으면서 리듬패턴을 발음해 보자

1-A
오늘 할 리듬패턴

1 [d>DA#]
2 [d>DA-d#]
3 [d·d>DA#]
4 [d·d>DA-d#]

 반 유닛
강한 리듬([DA]나 [D])이 없이 약한 리듬인 [d]만으로 구성된 리듬 유닛.

❷ 리듬패턴에 맞는 영문을 발음해 보자

1-A ① [d>DA#]

1 Where to? 어디까지?
2 I'm broke. 돈이 없어요.
3 How long? 얼마동안?
4 Like what? 예를 들면?
5 In front. 앞쪽이에요.
6 Take care. 조심해.
7 Watch out! 조심해!
8 Who cares! 알게 뭐야!
9 It's tough. 힘들어.
10 Indeed. 맞아.

1-A ② [d>DA-d#]

1 Good morning. 안녕하세요.
2 With pleasure. 기꺼이.
3 Excuse me. 실례합니다.
4 Fantastic! 와, 좋군요!
5 I've got it. 알겠습니다.
6 It can't be. 설마.
7 I'll take it. 그걸로 할께요.
8 You're kidding. 농담하지마.

chapter 2 3일째

9 Where is it?   어디 있어?
10 I used to.   자주 했었어.

1-A ③ [d · d>DA#]

1 I'll take two.   2개요.
2 It's your fault.   네 탓이야.
3 You look down.   기운이 없어 보여.
4 By the way,   그런데,
5 I insist.   정말로 그렇게 해 주셨으면 하는데요.
6 I was lost.   길을 잃었어.
7 It's your turn.   네 차례야.
8 It depends.   그건 경우에 따라서죠.
9 I'm in here.   나 여기있어.
10 I'm awake.   깨어 있어.

1-A ④ [d · d>DA-d#]

1 I'm just looking.   그냥 구경하고 있어요.
2 I adore you.   사랑해.
3 I'm exhausted.   녹초가 됐어.
4 There's no hurry.   서두를 필요 없어.
5 It's terrific.   훌륭해.
6 I must vomit.   토할 것 같아.

영어머리 만들어 가기 65

7 **It is rotten**.   썩었어.
8 **You're mistaken**.   실수하셨어요.
9 **It's my pleasure**.   기꺼이.
10 **To my sorrow**.   슬프게도

오늘의 발음체조

chapter 2 3일째

영어 발음에서는 입술의 운동능력을 높이는 것이 중요하다.

트레이닝 2

① [w]

1. 재빠르게 입술을 둥글게 하여 앞으로 내밀고, 재빨리 되돌리는 운동이다.
2. 1분간 할 수 있는 횟수를 기록하고, 횟수를 늘릴 수 있도록 연습하자. 8회를 1세트로 정하고, 여러 번 반복한다.

[w-w-w-w-w-w-w-w w-w-w-w-w-w-w-w]

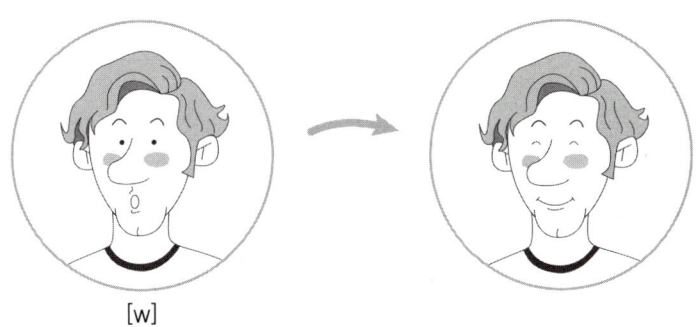

[w]

② [b̬]

아이들이 자주 하는 것처럼, 두 입술을 가볍게 댄 상태에서 숨을 강하게 내뿜어 입술을 떨리게 한다. 이 때 소리를 내어 진동시킨다. 소리가 [부루루 부루루]라고 들리면 성공이다. [b] 위의 점은 유성 진동음을 나타낸다.

[b̬b̬b̬b̬b̬b̬b̬b̬-b̬b̬b̬b̬b̬b̬b̬b̬-b̬b̬b̬b̬b̬b̬b̬b̬-b̬b̬b̬b̬b̬b̬b̬b̬]

▼ ②

[b̬]

▼ ③

[b̥]

③ [b̥]

②와 같은 요령이지만, 이번에는 소리를 내지 않고 진동시킨다. 이 때, 소리가 [푸루루 푸루루]라고 들리면 성공이다. [b] 위의 동그라미는 무성 진동음을 나타낸다.

[b̥b̥b̥b̥b̥b̥b̥b̥-b̥b̥b̥b̥b̥b̥b̥b̥-b̥b̥b̥b̥b̥b̥b̥b̥-b̥b̥b̥b̥b̥b̥b̥b̥]

> **주의**
>
> ②와 ③은 어렸을 때 누구라도 했던 행동이지만, 성장하면서 하지 않았기 때문에 다소 어렵게 느껴질 수도 있다. 하지만 연습하면 금방 할 수 있다.

2개의 리듬 유닛으로 이루어진 리듬패턴 2

[d]와 [DA]에 [D]가 더해진 리듬패턴을 연습한다. [d]는 숨을 끊듯이, [D]와 [DA]는 힘껏 내뱉듯이 발음한다.

1 TAPE를 들으면서 리듬패턴을 발음해 보자

1-A ─── 오늘 마스터 할 리듬패턴 ───

1 [D-d>DA#]
2 [D-d>DA-d#]
3 [D-d · d>DA#]
4 [D-d · d>DA-d#]

2 리듬패턴에 맞는 영문을 발음해 보자

1-A **1** [D-d>DA#]

1 Keep the change.   잔돈은 가지세요.
2 Help yourself.   마음껏 드세요.
3 Now's your chance.   지금이 기회야.
4 What's this for?   무엇에 쓰지?

영어머리 만들어 가기 69

5 Here's my card. 카드 여기 있습니다.
6 Fill it up. 가득 채워주세요.
7 Check the oil. 오일 점검해 주세요.
8 Watch your step. 발밑을 조심해요.
9 Not this time. 다음에.
10 Mind your head. 머리 조심해.

1-A ② [D-d>DA-d#]

1 Wait a minute. 잠깐만요.
2 Nothing special. 특별한 건 없어.
3 What's your problem? 무슨 일이야?
4 Glad to see you. 만나서 반가워.
5 Absolutely. 확실해.
6 Even Steven. 서로 빚진 것 없어.
7 This is something. 굉장하군.
8 Take it easy. 진정해.
9 How's the weather? 날씨 어때?
10 Happy Birthday. 생일 축하해.

1-A ③ [D-d·d>DA#]

1 Don't be afraid. 무서워하지 마.
2 How did you know? 어떻게 알았어?

chapter 2 4일째

3 Don't get me wrong. 오해하지 마.
4 Ask someone else. 다른 사람에게 물어봐.
5 That's not the point. 잘못 짚었어.
6 What a small world! 세상 참 좁네요!
7 How about that? 그건 어때요?
8 What's on your mind? 뭘 생각해요?
9 That's what he said. 그가 말한 것이에요.
10 Probably not. 아마 그렇지 않을 거예요.

1-A [D-d · d>DA-d#]

1 How about this one? 이건 어때?
2 How would you like it? 그것이 마음에 들어?
3 What about Tuesday? 화요일은 어때?
4 Never on Sunday. 일요일은 안돼.
5 What does it look like? 어떤 모양을 하고 있어?
6 Where can I find him? 어디 가면 그를 만날 수 있지?
7 How's that for timing? 타이밍이 맞을까?
8 Come to my office. 제 사무실로 오세요.
9 Thanks for the coffee. 커피 잘 마셨어요.
10 That's all I needed. 충분합니다.

■ 주의

① [D-d〉DA#]는 TAPE에서는 [다-다〉다]가 아니라, [닷〉다]로 들린다. 이것은 [d]음이 약해서 들리지 않기 때문이다.
② [D-d〉DA-d#]의 [d]도 ① 과 같은 경우이다.

오늘의 발음체조

영어의 마찰음은 미리 숨을 강하게 내뱉으며 발음한다.

입술 트레이닝 3

① [f]

윗니를 아랫입술에 살짝 대고 숨을 강하게 내뱉으면서 [f]를 발음한다. 이 때, 숨을 일단 입에 조금 모은 후에 [f]를 발음한다. 티슈를 입 앞에 대어 숨의 세기를 확인하면서 발음해 보자.

[f-f-f-f-f-f-f-f f-f-f-f-f-f-f-f f-f-f-f-f-f-f-f]

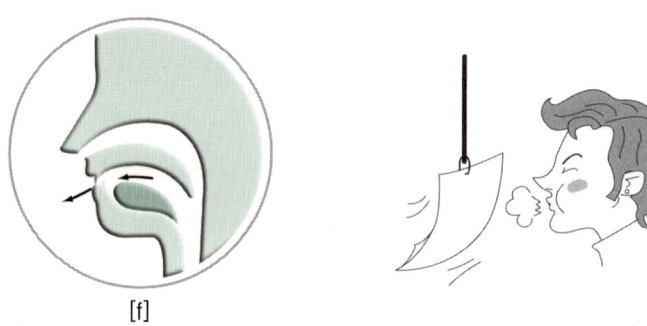

[f]

② [v]

①과 같은 요령으로 유성음 [v]를 발음한다. 숨은 강하게 내지 않지만, 입술을 강하게 진동시키는 것이 중요하다.

[v-v-v-v-v-v-v-v v-v-v-v-v-v-v-v v-v-v-v-v-v-v-v]

chapter 2 4일째

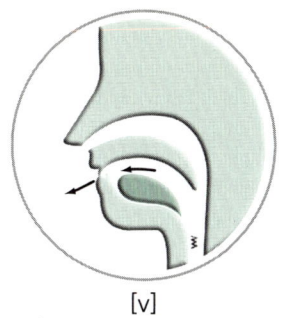
[v]

> **주의**
> [f]와 [v]는 한 마디를 발음하는 동안 아랫입술을 윗니로부터 떼지 않고, 연속으로 발음한다.

③ [fm]

[f]와 [m]을 조합하여 발음한다. [f]를 발음하면서 재빨리 아랫입술의 위치를 [m]을 발음하는 위치로 이동시킨다. 이때 이동하는 속도가 중요하다. 1분 동안 할 수 있는 횟수를 늘리도록 연습하자. [흠]처럼 들리면 성공이다.

[fm-fm-fm-fm-fm-fm-fm fm-fm-fm-fm-fm-fm-fm]

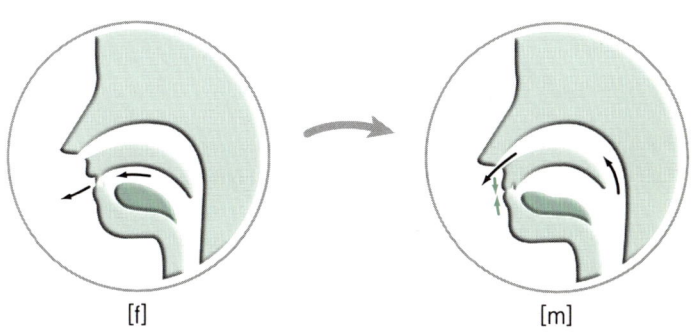
[f]   →   [m]

영어머리 만들어 가기   73

④ [pʰf]

다음은 [pʰ]와 [f]를 조합하여 발음한다. [pʰ](강하게 숨을 내쉰다)를 발음하고 금방 [f]의 형태로 입술을 만든다. [f]의 발음은 단순히 윗니를 아랫입술에 대는 것 뿐만 아니라, 숨도 강하게 내쉬는 것이 중요하다. 속도가 생명이므로, 1분 동안 할 수 있는 횟수를 재면서 연습하면 도움이 된다. [프흐]처럼 들리면 성공이다.

[pʰ-f pʰ-f pʰ-f pʰ-f pʰ-f pʰ-f pʰ-f pʰ-f pʰ-f pʰ-f]

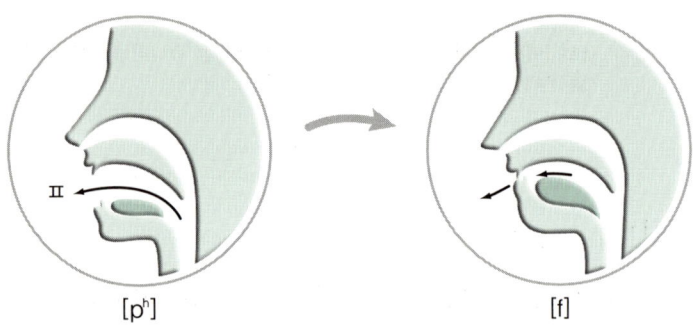

[pʰ]　　　　　　　[f]

■ 주의

앞의 발음 연습은 속도를 내어 발음하는 것이 중요하다. 1분 동안 할 수 있는 횟수를 기록하고, 횟수를 늘릴 수 있도록 연습하자.

반 유닛 + 2개의 리듬 유닛 1

약한 음절인 [d]부터 시작하는 리듬패턴이다. [d]로 시작하는 첫 리듬 유닛은 반 유닛이 된다.

1 TAPE를 들으면서 리듬패턴을 발음해 보자

1-A ─── 오늘 <s>에스터</s> 할 리듬패턴 ───

1 [d>D-d>DA#]
2 [d>D-d>DA-d#]
3 [d>D-d>DA-d · d#]
4 [d>D-d · d>DA#]

■ 반 유닛
강한 리듬([DA]나 [D])이 없이 약한 리듬인 [d]만으로 구성된 리듬 유닛

2 리듬패턴에 맞는 영문을 발음해 보자

1-A ① [d>D-d>DA#]

1 I knew you'd come. 올 줄 알았어.
2 I'm doing fine. 문제없어요.
3 I've lost my friend. 친구를 놓쳤어요.
4 I lost my way. 길을 잃었어요.
5 Of course, I will. 물론, 그렇게 할 거예요.
6 I've got to go. 가야 해.
7 I hate that stuff. 그건 싫어.
8 It's getting dark. 어두워 지고 있어요.
9 I tell you what. 얘기는 이러해요.
10 For goodness sakes. 아무쪼록.

1-A ② [d>D-d>DA-d#]

1 It's seven fifty. 7시 50분입니다.
2 I lost my wallet. 지갑을 잃어버렸어.
3 It's getting colder. 추워졌어요.
4 I have a fever. 열이 있어요.
5 It's nice to meet you. 만나서 반갑습니다.
6 I come from Kyoto. 쿄토출신입니다.
7 We'll see you later. 나중에 또 만나.
8 I'll take a taxi. 택시로 갈게요.

chapter 2 5일째

9 I'm really sorry. 정말로 미안합니다.
10 I'm glad you made it. 무사해서 다행이야.

1-A ③ [d>D-d>DA-d · d#]

1 I'd like to talk to you. 드릴 말씀이 있어요.
2 It's really frightening. 정말로 무서웠어.
3 There's nothing left for us. 우리에게는 아무것도 남아 있지 않아요.
4 You can't be serious. 진심이 아니겠죠.
5 I'll get in touch with you. 연락할게요.
6 He's got an allergy. 그는 알레르기가 있어요.
7 She lost her interest. 그녀는 흥미를 잃어 버렸다.
8 He's always there for you. 그는 언제나 그곳에서 너를 기다리고 있어.
9 I dropped them yesterday. 어제 그것을 떨어뜨렸어.
10 It's not so wonderful. 대단한 일은 아니야.

1-A ④ [d>D-d · d>DA#]

1 I want to go home. 집에 가고 싶어요.
2 You're right after all. 결국 네가 옳았어.
3 It leaves in an hour. 1시간 뒤에 출발합니다.
4 It certainly is. 확실히 그대로입니다.
5 I want a refund. 돈을 돌려주세요.
6 I locked myself out. 열쇠를 두고 나와서 들어갈 수 없어.
7 I'll study a while. 당분간 공부하겠습니다.

8 You know what I mean.   내 말을 알겠죠.
9 Believe it or not.   믿거나 말거나.
10 They're dying of thirst.   목말라 죽을 것 같아.

오늘의 발음체조

chapter 2 5일째

멋있게 영어를 발음하려면, 혀끝의 근력과 속도를 단련하는 것이 중요하다.

트레이닝 1

① **[l]**

혀끝을 아래의 왼쪽 그림의 위치에 두고 [l]을 연속으로 빨리 발음해 보자. 속도와 1분 동안의 횟수가 중요하다. 혀끝을 그림처럼 윗잇몸에 강하게 붙이고 [l]의 발음과 동시에 밑으로 돌아오듯이 발음한다.

[l-l-l-l-l-l-l-l l-l-l-l-l-l-l-l l-l-l-l-l-l-l-l]

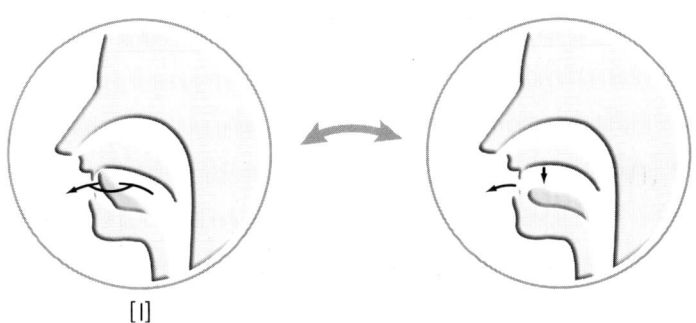

[l]
입 안의 공기는 혀 옆을 스쳐 지나가듯이 나간다

② **[tʰ]**

[tʰ]는 윗니 뒤 잇몸에 붙인 혀끝을 힘차게 떼고, 강하게 숨을 내뱉으며 발음한다. 횟수를 기록하자.

[tʰ-tʰ-tʰ-tʰ-tʰ-tʰ-tʰ-tʰ-tʰ tʰ-tʰ-tʰ-tʰ-tʰ-tʰ-tʰ-tʰ]

영어머리 만들어 가기 79

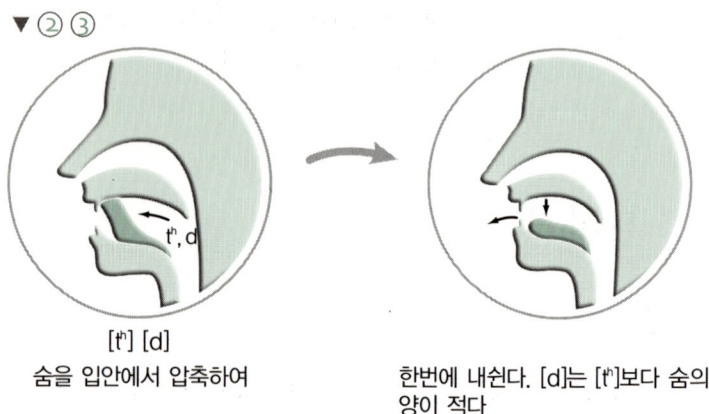

[tʰ] [d]
숨을 입안에서 압축하여

한번에 내쉰다. [d]는 [tʰ]보다 숨의 양이 적다

③ [d]

①, ②와 같은 요령으로 [d]를 발음한다. 혀끝을 잇몸에 강하게 붙이면서 힘있게 발음한다. 횟수를 기록하자.

[d-d-d-d-d-d-d-d d-d-d-d-d-d-d-d d-d-d-d-d-d-d-d]

④ [n]

①, ②, ③과 같은 요령으로 [n]을 발음한다. 혀끝을 잇몸에 강하게 붙이고, 코로 숨을 내쉬면서 힘있게 발음한다. 횟수를 기록하자.

[n-n-n-n-n-n-n-n n-n-n-n-n-n-n-n n-n-n-n-n-n-n-n]

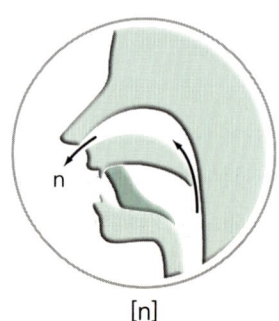

[n]

chapter 2 5일째

> ■ 주의
> 앞의 연습을 1분 동안 200회 이상 할 수 있도록 연습하자.

⑤ [tʰn]

[tʰ]와 [n]을 조합하여 연습한다. [tʰ]는 입으로 숨을 강하게 내쉬면서, [n]은 일단 떨어진 혀끝을 잇몸에 붙이고, 강하게 누르면서, 숨을 멈추고 발음한다.

[tʰn-tʰn-tʰn-tʰn-tʰn-tʰn-tʰn-tʰn tʰn-tʰn-tʰn-tʰn-tʰn-tʰn-tʰn-tʰn]

▼ ⑤는 왼쪽에서 오른쪽으로, ⑥은 오른쪽에서 왼쪽으로

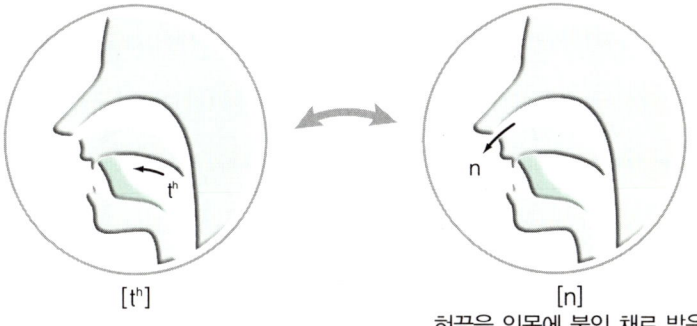

[tʰ]　　　　　　　　　[n]
　　　　　　　　혀끝을 잇몸에 붙인 채로 발음

⑥ [ntʰ]

이번에는 ⑤에 반대되는 조합을 연습한다. [ntʰ]의 발음은 ⑤와 달리 혀끝을 잇몸에서 떼지 않고 [n]에서 [tʰ]로 옮기고, [tʰ]에서 혀끝을 뗄 때에는 숨을 강하게 내뱉는다.

[ntʰ-ntʰ-ntʰ-ntʰ-ntʰ-ntʰ-ntʰ-ntʰ ntʰ-ntʰ-ntʰ-ntʰ-ntʰ-ntʰ-ntʰ-ntʰ]

> ■ 주의
> 앞의 발음 연습은 속도를 내어 발음하는 것이 중요하다. 1분 동안 할 수 있는 횟수를 기록하고, 횟수를 늘릴 수 있도록 연습하자.

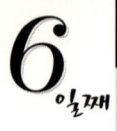

반 유닛 + 2개의 리듬 유닛 2

조금 긴 영문도 나오지만 TAPE를 잘 듣고, 몸을 움직여 리듬을 타면서 따라해 보자.

1 TAPE를 들으면서 리듬패턴을 발음해 보자

1-A 오늘 마스터 할 리듬패턴

1 [d>D-d · d>DA-d#]
2 [d · d>D-d · d>DA#]
3 [d · d>D-d · d>DA-d#]
4 [d · d>D-d>DA#]

■ 주의

조금 길어 말하기 어려운 영문도 있지만 조급해 할 필요는 없다. 반복해서 듣는 동안 속도에 익숙해지기 때문에 안심하고 진도를 나가자.

chapter 2 6일째

2 리듬패턴에 맞는 영문을 발음해 보자

1-A ① [d>D-d · d>DA-d#]

1 I don't want to hurt you.   네 기분을 상하게 하고 싶지 않아.
2 I'll catch you tomorrow.   내일 또 만나.
3 I'll come again later.   나중에 다시 올게요.
4 It's hard to imagine.   상상하기 힘들어.
5 I'm glad you enjoyed it.   즐거웠다니 기쁩니다.
6 I'm going to miss him.   그가 보고 싶을거야.
7 I need to get something.   살 게 있어.
8 I know what I'm doing.   내가 무얼 하고 있는지 알고 있어.
9 It wasn't satisfactory.   만족스럽지 않다.
10 You have to excuse me.   용서해주세요.

1-A ② [d · d>D-d · d>DA#]

1 You can take any seat.   어느 자리라도 괜찮습니다.
2 It's my favorite food.   내가 좋아하는 음식이에요.
3 You look stupid and rich.   너는 바보같이 굴고 있어.
4 I insist that you sit.   괜찮으니까 앉으세요.
5 I'm still looking around.   아직 둘러보고 있어.
6 There's a bug in my food.   음식에 벌레가 들어 있어.
7 It's beginning to rain.   비가 내리기 시작했어.
8 I've forgotten your name.   이름을 잊어 버렸네요.

영어머리 만들어 가기 83

9 I already have plans.   다른 약속이 있어요.
10 I'm his colleague at work.   저는 그의 직장 동료예요.

1-A ③ [d · d>D-d · d>DA-d#]

1 She was shocked by his rudeness.
그녀는 그의 무례한 태도에 충격을 받았다.

2 I'm afraid he is dying.   그는 임종했습니다.

3 Let me buy you a new one.   새 물건으로 변상하겠습니다.

4 It's a place they can study.   공부하기에 좋은 환경이다.

5 I am sorry I lost it.   미안해, 잃어버렸어.

6 I was watching that program.   그 방송 보고 있었어.

7 It was really delicious.   정말로 맛있었어.

8 They're discussing the matter.
그들은 지금 그 일을 서로 의논하고 있어.

9 I've been trying to catch you.   너를 찾고 있었어.

10 I can handle this robot.   이 로봇을 다룰 수 있어요.

1-A ④ [d · d>D-d>DA#]

1 You belong to me.   넌 내꺼야.

2 He denied the fact.   그는 그 사실을 부인했다.

3 I prefer to stand.   서 있는 편이 좋아요.

4 It becomes you well.   잘 어울려요.

5 The amount is wrong.   합계가 틀려.

6 They'll be back here soon. 그들은 금방 돌아올거야.
7 I did nothing wrong. 나쁜 짓은 아무것도 하지 않았어.
8 I can read your thought. 네가 무엇을 생각하는지 알아.
9 I'll remember that. 그것을 기억할게요.
10 You'll be late for work. 너는 회사에 지각할 것 같아.

오늘의 발음체조

혀끝 운동이다. 자음과 자음 사이에 모음을 넣지 않도록 하자.

혀 트레이닝 2

① [dn]

[d]와 [n]의 조합을 연습한다. [d]는 잇몸에 붙인 혀끝을 힘차게 떼면서 발음한다. [n]은 일단 뗀 혀끝을 잇몸에 대고, 강하게 누르면서 숨을 멈추고 발음한다.

[dn-dn-dn-dn-dn-dn-dn-dn dn-dn-dn-dn-dn-dn-dn-dn]

▼ ①은 왼쪽에서 오른쪽으로, ②는 오른쪽에서 왼쪽으로 연습한다

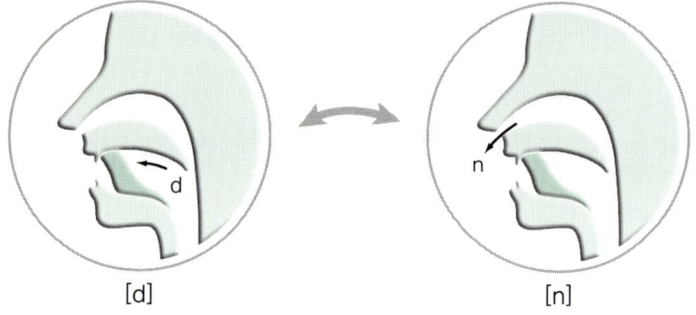

[d]　　　　　　　　[n]

② [nd]

[n]과 [d]의 조합을 연습한다. [nd]의 발음은 ①과 달리 혀끝을 잇몸에서 떼지 않고 [n]에서 [d]로 움직이며, [d]에서 혀끝을 뗄 때에는 강하게 숨을 내쉰다.

[nd-nd-nd-nd-nd-nd-nd-nd nd-nd-nd-nd-nd-nd-nd-nd]

③ [lt ʰ]

[l]과 [tʰ]의 조합을 엽습한다.

[ltʰ-ltʰ-ltʰ-ltʰ-ltʰ-ltʰ-ltʰ-ltʰ ltʰ-ltʰ-ltʰ-ltʰ-ltʰ-ltʰ-ltʰ-ltʰ]

▼ ③은 왼쪽에서 오른쪽으로, ④는 오른쪽에서 왼쪽으로 연습한다

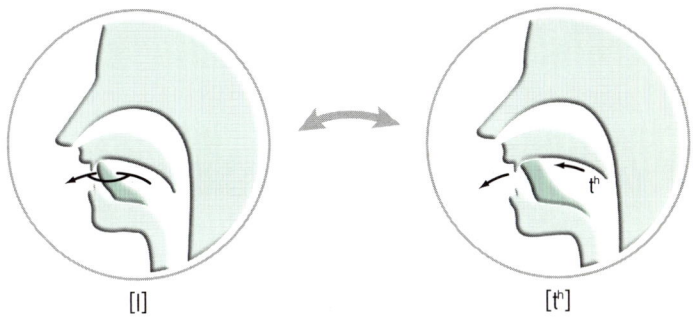

[l]　　　　　　　[tʰ]

④ [tʰl]

[tʰ]와 [l]의 조합을 연습한다.

[tʰl-tʰl-tʰl-tʰl-tʰl-tʰl-tʰl tʰl-tʰl-tʰl-tʰl-tʰl-tʰl-tʰl]

■ 주의

앞의 발음 연습은 속도를 내어 발음하는 것이 중요하다. 1분 동안 할 수 있는 횟수를 기록하고, 횟수를 늘릴 수 있도록 연습하자.

의문문(Yes-No Question)의 리듬패턴

끝이 [‖]인 리듬패턴이다.
끝 음이 올라가는 Yes-No Question을 연습한다.

1 TAPE를 들으면서 리듬패턴을 발음해 보자

1-B 오늘 아스터 할 리듬패턴

1 [d·d>DA ‖]
2 [d·d>DA-d ‖]
3 [d·d>DA-d·d ‖]
4 [d >D-d>DA ‖]
5 [D-d>DA ‖]
6 [D-d>DA-d ‖]
7 [D-d>DA-d·d ‖]
8 [D-d·d>DA ‖]

■ 리듬패턴의 복습
[‖] ➡ Yes-No Question의 끝에 해당하는 억양으로 상승어조이다.

chapter 2 7일째

2 리듬패턴에 맞는 영문을 발음해 보자

1-B ① [d · d>DA ‖]

    1 Are you sure?　　　　확실해요?
    2 Is it true?　　　　　　정말이예요?
    3 Will he come?　　　　그가 와요?
    4 Do you know?　　　　알고 있어요?
    5 Do you mind?　　　　괜찮습니까?

1-B ② [d · d>DA-d ‖]

    1 Are you coming?　　　당신도 옵니까?
    2 Did he go there?　　　그는 거기에 갔습니까?
    3 Can I help you?　　　무엇을 도와드릴까요?(가게에서)
    4 Are you hungry?　　　배고프세요?
    5 Have you done it?　　일은 끝났습니까?

1-B ③ [d · d>DA-d · d ‖]

    1 Can I speak to him?　　그와 통화할 수 있나요?
    2 Are you going there?　　저곳에 갈꺼예요?
    3 Are you satisfied?　　　만족하세요?
    4 Are they not coming?　그들은 오지 않습니까?
    5 Did he trouble you?　　그가 당신을 괴롭혔나요?

1-B ④ [d>D-d>DA ‖]

1. Is this your car? — 이 차 네 것이야?
2. Is Jim all right? — 짐은 괜찮아?
3. Has John come yet? — 존이 벌써 왔어요?
4. Was John alive? — 존이 살아 있었나?
5. Is that his house? — 저것이 그의 집인가요?

1-B ⑤ [D-d>DA ‖]

1. Don't you know? — 모르니?
2. Won't she come? — 그녀는 오지 않니?
3. Isn't it true? — 정말입니까?
4. Don't you mind? — 괜찮습니까?
5. Isn't it nice? — 멋지죠?

1-B ⑥ [D-d>DA-d ‖]

1. Don't you know him? — 그를 모르니?
2. Didn't he tell you? — 그가 말하지 않았어요?
3. Aren't you coming? — 너는 안 와?
4. Isn't it boring? — 그건 지루하지 않습니까?
5. Haven't you been there? — 그곳에 간 적이 있나요?

chapter 2 　7일째

1-B ⑦ [D-d>DA-d·d ‖]

1 Isn't it wonderful?　　훌륭하지 않습니까?
2 Wasn't it difficult?　　어렵지 않습니까?
3 Didn't you finish it?　　끝났습니까?
4 Aren't you tired of it?　　지루하지 않나요?
5 Aren't you satisfied?　　만족했나요?

1-B ⑧ [D-d·d>DA ‖]

1 Don't you get bored?　　지루하지 않나요?
2 Isn't it like this?　　이것과 닮아 있지 않습니까?
3 Don't you feel well?　　기분이 좋지 않습니까?
4 Won't she like John?　　그녀는 존을 좋아하지 않나요?
5 Won't you sit down?　　앉으시겠어요?

■ 주의

⑤ [D–d>DA ‖]는 TAPE에서 [다–다>다]가 아니고, [닷>다]로 들린다.
이것은 [d]음이 약해서 들리지 않기 때문이다.
이처럼 첫 리듬패턴이 [D–d]의 경우, [d]음이 약해 들리지 않을 수도 있지만,
개의치 말고 TAPE를 들으며 발음해 보자.

오늘의 발음체조

[s]와 [z]는 한국인에게는 어려운 발음이다. 확실하게 연습하자.

트레이닝 3

① [s]

[s]와 한국어의 [스]는 많이 다르다. 혀 안쪽에서 가운데 정도까지의 양 옆을 연구개에 붙이고, 혀 중앙에 골을 만들고, 그 골을 따라 매우 강한 숨을 내뱉는다. 영어의 [s]는 발음할 때 혀끝은 윗니 뒤 잇몸에서 떨어져 있다.

[s-s-s-s-s-s-s-s s-s-s-s-s-s-s-s s-s-s-s-s-s-s-s]

▼ ①, ②를 옆에서 본 모양

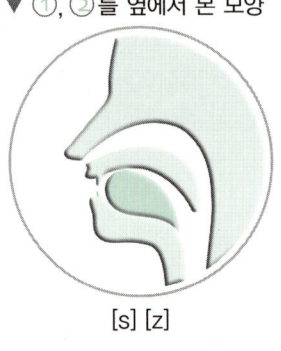

[s] [z]

▼ ①, ②를 앞에서 본 모양

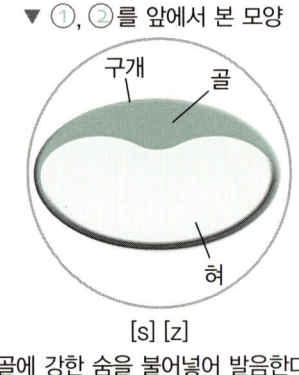

[s] [z]
골에 강한 숨을 불어넣어 발음한다

② [z]

[z]의 발음방법은 [s]와 같지만 [z]는 유성음이기 때문에 소리를 내어 발음한다. [s]와 같이 발음할 때 혀끝은 윗니 뒤 잇몸에서 떨어

져 있다. 입이나 얼굴이 진동으로 떨릴 정도로 강하게 발음한다. 한국인은 [z]를 영어답게 발음하는 것이 어렵다. 그러므로 여러번 반복하자.

[z-z-z-z-z-z-z-z z-z-z-z-z-z-z-z z-z-z-z-z-z-z-z]

③ [sl]

[s]와 [l]의 조합을 연습해 보자.

[sl-sl-sl-sl-sl-sl-sl-sl sl-sl-sl-sl-sl-sl-sl-sl]

▼ ③,④

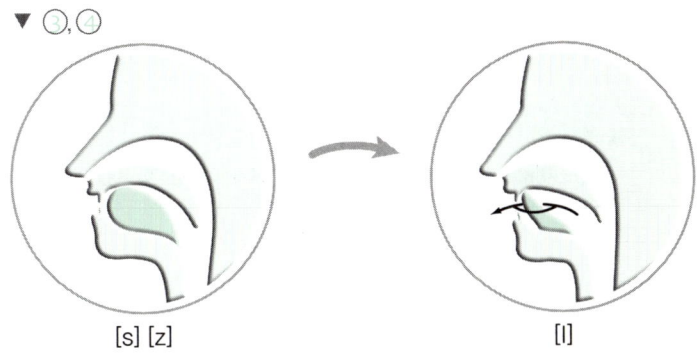

[s] [z]   [l]

④ [zl]

[z]와 [l]의 조합을 연습한다.

[zl-zl-zl-zl-zl-zl-zl-zl zl-zl-zl-zl-zl-zl-zl-zl]

■ 주의

[zl]를 발음 할 때, 혀끝이 윗니 뒤 잇몸에 닿지 않게 발음하는 것이 중요하다. 혀끝을 붙이게 되면, [dz]라는 다른 음이 되어 버린다. (예) goo<u>ds</u>[gudz])

⑤ [ns]

[n]과 [s]의 조합을 연습한다.

[ns-ns-ns-ns-ns-ns-ns-ns ns-ns-ns-ns-ns-ns-ns-ns]

▼ ⑤,⑥

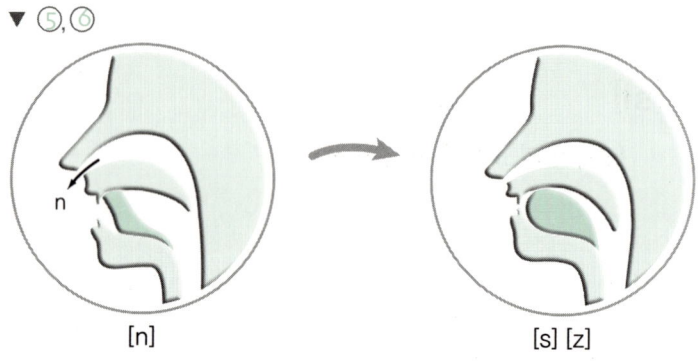

[n]　　　　　　　　[s] [z]

> ■ 주의
>
> [n]은 혀끝을 잇몸에 대어 발음하므로, [n]다음의 [s]음이 [ts]와 닮은 음이 되기도 한다.

⑥ [nz]

[n]과 [z]의 조합이다.

[nz-nz-nz-nz-nz-nz-nz-nz nz-nz-nz-nz-nz-nz-nz-nz]

> ■ 주의
>
> 앞의 발음 연습은 속도를 내어 발음하는 것이 중요하다. 1분 동안 할 수 있는 횟수를 기록하고, 횟수를 늘릴 수 있도록 연습하자.

강한 리듬이 연속되는 리듬패턴 1

연속되는 강한 리듬인 [D>D]에 익숙해지도록 하자. [d]보다는 강하고, 길게 발음되기 때문에 잘 들릴 것이다.

1 TAPE를 들으면서 리듬패턴을 발음해 보자

1-B 　　오늘 할 리듬패턴

1　[D>D-d>DA#]
2　[D>D-d>DA-d#]
3　[D>D-d·d>DA#]
4　[D>D-d·d>DA-d#]

2 리듬패턴에 맞는 영문을 발음해 보자

1-B　① [D>D-d>DA#]

1　What's going on? 　　도대체 어떻게 된 거야?
2　What rotten luck! 　　왜 이렇게 운이 나쁜 거야!
3　Long time no see. 　　오래간만이야.
4　That's not the point. 　　잘못 짚었어.

5 How good it smells! 냄새가 참 좋네요!
6 Whose book is this? 이것은 누구 책이니?
7 That's how it goes. 자주 있는 일이예요.
8 Let's wash ourselves. 씻자.
9 Play somewhere else. 다른데서 놀아라.
10 Let's get this straight. 알아두자.

1-B [D>D-d>DA-d#]

1 Let's change the subject. 화제를 바꾸죠.
2 No time to argue. 말싸움 할 여유가 없어요.
3 Just press this button. 이 단추를 누르세요.
4 What makes you say that? 너는 왜 그런 말을 해?
5 That's really something. 굉장하군.
6 Let's take a shower. 샤워하자.
7 Let's play together. 같이 놀자.
8 Let's take a rest here. 잠깐 여기서 쉬어요.
9 How dare you say that! 네가 어떻게 그런 말을 할 수 있어!
10 Who wrote this poem? 이 시는 누가 쓴 거야?

1-B [D>D-d · d>DA#]

1 Stop kicking my chair. 의자 좀 그만 차.
2 Please keep to the side. 잠깐 들려주세요.

chapter 2 8일째

3 Stop goofing around. 게으름 피우지마.
4 What food don't you like? 어떤 음식을 싫어해요?
5 What's wrong with the car? 차에 문제있어?
6 How long does it take? 얼마나 걸려요?
7 What days are you off? 무슨 요일에 쉬어?
8 Quit while you're ahead. 잘 되고 있을 때 그만둬.
9 How charming you are! 당신은 너무 매력적이야!
10 Which one do you want? 어느 것을 원해?

1-B [D>D-d · d>DA-d#]

1 What time are you open? 몇 시에 영업 시작해요?
2 What gate do I board at? 어느 게이트에서 타면 됩니까?
3 Turn left at the corner. 저 모퉁이에서 왼쪽으로 도세요.
4 What happened to Betty? 베티는 어떻게 된 거야?
5 What time shall we make it? 몇 시에 해?
6 How old is your mother? 어머니 연세가 어떻게 됩니까?
7 Let's fasten our seatbelt. 안전벨트를 맵시다.
8 Let's wait for the taxi. 택시를 기다리자.
9 Take off your pajamas. 잠옷을 벗어요.
10 Watch where you are going. 앞을 잘 봐.

영어머리 만들어 가기 97

오늘의 발음체조

입술을 사용하는 발음은 입술을 확실히 모아서 입 안의 숨을 모은 후에 발음한다.

혀와 입술 트레이닝 1

① [tʰb]

[tʰ]와 [b]를 조합하는 연습이다. [tʰ]는 혀끝을 윗니 뒤 잇몸에 대고 입안에 숨을 모은 후, 강하게 내뱉는다. [b]는 두 입술을 붙이고 입안에 숨을 모은 후에 두 입술을 재빨리 떼면서 발음하지만, 숨은 강하게 내지 않는다.

[tʰb-tʰb-tʰb-tʰb-tʰb-tʰb-tʰb tʰb-tʰb-tʰb-tʰb-tʰb-tʰb-tʰb]

▼ ①은 왼쪽에서 오른쪽으로, ②는 오른쪽에서 왼쪽으로 연습한다

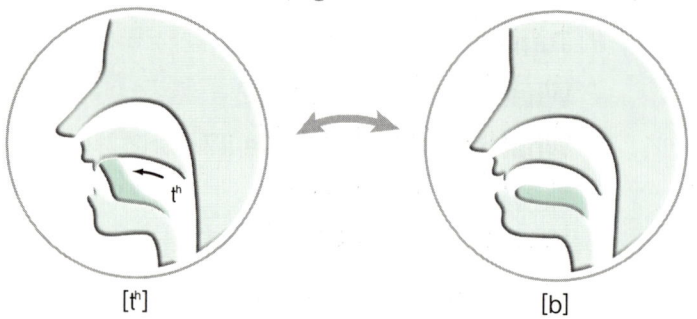

[tʰ]   [b]

② [btʰ]

[b]와 [tʰ]의 조합을 연습한다.

[btʰ-btʰ-btʰ-btʰ-btʰ-btʰ-btʰ btʰ-btʰ-btʰ-btʰ-btʰ-btʰ-btʰ]

③ [nm]

[n]과 [m]을 조합하여 연습한다.

[nm-nm-nm-nm-nm-nm-nm-nm nm-nm-nm-nm-nm-nm-nm-nm]

▼ ③은 왼쪽에서 오른쪽으로, ④는 오른쪽에서 왼쪽으로 연습한다

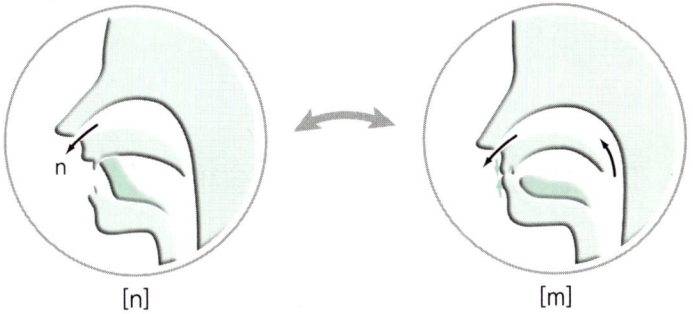

[n]　　　　　　　　[m]

④ [mn]

[m]과 [n]을 조합하여 연습한다.

[mn-mn-mn-mn-mn-mn-mn-mn mn-mn-mn-mn-mn-mn-mn-mn]

■ 주의

앞의 발음 연습은 속도를 내어 발음하는 것이 중요하다. 1분 동안 할 수 있는 횟수를 기록하여, 횟수를 늘릴 수 있도록 연습하자.

# 강한 리듬이 연속되는 리듬패턴 2

연속되는 강한 리듬인 [D〉D], [D〉DA]와 약한 리듬인 [d]의 타이밍에 주의하며 연습하자.

1 TAPE를 들으면서 리듬패턴을 발음해 보자

 오늘 할 리듬패턴

1 [D-d〉D〉DA#]
2 [D-d·d〉D〉DA#]
3 [d〉D-d〉D〉DA#]
4 [d〉D〉D-d·d〉DA#]
5 [d〉D-d〉D〉DA-d#]
6 [D〉D-d〉D-d·d〉DA#]
7 [d〉D-d·d〉D〉DA-d#]
8 [d·d〉D-d·d〉D〉DA#]

■ 주의

1 [D-d〉D〉DA#]의 [d]음은 약해서 TAPE에서는 들리지 않는다.

chapter 2

2 리듬패턴에 맞는 영문을 발음해 보자

1-B ① [D=d>D>DA#]

1 That's your strong point.   그것이 너의 장점이야.
2 What's the next class?   다음 수업이 뭐였더라?
3 What's your best guess?   당신은 어떻게 이해했습니까?
4 Things will work out.   어떻게 되겠지.
5 Dry yourself off.   몸을 닦아.

1-B ② [D=d·d>D>DA#]

1 What are your store hours? 영업시간이 어떻게 됩니까?
2 You cannot stand here.   여기에 있으면 안돼.
3 What does a dog say?   개는 어떻게 짖지?
4 Dad will be back soon.   아빠는 곧 돌아 오실거야.
5 How about Thai food?   타이요리는 어떻습니까?

1-B ③ [d>D-d>D>DA#]

1 I have a sore throat.   목이 아파요.
2 I'd like to change rooms.   방을 바꾸고 싶어요.
3 I had a great day.   정말 멋진 날이었어.
4 You brought me bad luck.   넌 재수 없어.
5 I know you're so nice.   넌 정말 멋져.

1-B ④ [d>D>D-d · d>DA#]

1. It smells awful in here. 여기서 지독한 냄새가 나.
2. I'm locked out of my room. 열쇠를 방안에 둔 채 문을 잠가버렸어요.
3. It's too dark in my room. 방이 너무 어두워.
4. I'm too busy right now. 지금은 너무 바빠.
5. I'm not feeling so good. 기분이 별로 좋지 않아요.

1-B ⑤ [d>D-d>D>DA-d#]

1. I have a bad headache. 머리가 너무 아파.
2. I want to play baseball. 야구를 하고 싶어.
3. It's getting much warmer. 점점 따뜻해지네요.
4. We crossed a big river. 우리는 큰 강을 건넜어.
5. I bought a new table. 새 테이블을 샀어요.

1-B ⑥ [D>D-d>D-d · d>DA#]

1. Make sure to give us a call. 우리에게 꼭 전화해 주세요.
2. Please leave your coat in the hall.
   코트는 현관에 놔두세요.
3. That night I went to the store. 그날 밤 나는 그 가게에 갔다.
4. Please hang your coat over there.
   코트는 저쪽에 걸어 주세요.
5. Please change the sheets of my bed.
   내 침대 시트를 갈아주세요.

chapter 2 아홉째

1-B ⑦ [d>D-d · d>D>DA-d#]

1 It must be a wrong answer.
답이 틀린 것이 확실해.

2 You've dialed the wrong person.
당신은 다른 사람에게 전화를 걸었군요.

3 I must have the wrong number.
전화를 잘못 걸었어요.

4 You're really a good person.
당신은 정말 좋은 사람이에요.

5 He's making a good husband.
그는 남편으로서 잘 하고 있어요.

1-B ⑧ [d · d>D-d · d>D>DA#]

1 He'll be back in a few days.
그는 며칠 후에 돌아 올거예요.

2 We are all in the same boat.
우리는 모두 같은 운명에 처해있어요.

3 I'm surprised that you're still here.
아직 네가 있으리라고는 생각도 못했어.

4 You just gave me the wrong change.
거스름돈을 잘못 주셨어요.

5 I believe it is not true.
사실이라고는 믿지 않는다.

영어머리 만들어 가기 103

오늘의 발음체조

연속되는 자음을 또박또박 발음하면 영어다운 발음이 된다. 그 때문에 혀와 입술의 근력을 높여야 한다.

혀 트레이닝 2

① **[sb]**

[s]와 [b]를 조합하여 연습한다.

[sb-sb-sb-sb-sb-sb-sb-sb   sb-sb-sb-sb-sb-sb-sb-sb]

▼ ①, ②

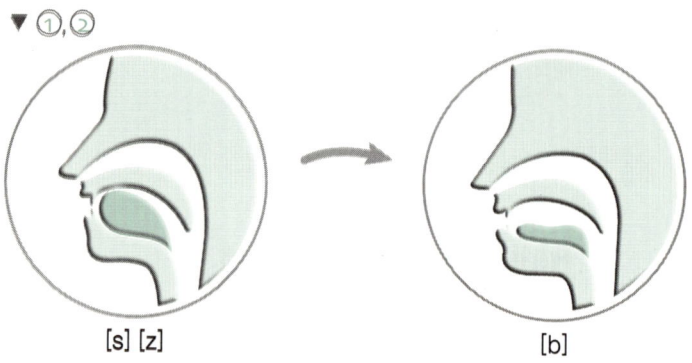

[s] [z]　　　　[b]

② **[zb]**

[z]와 [b]를 조합하여 연습한다.

[zb-zb-zb-zb-zb-zb-zb-zb   zb-zb-zb-zb-zb-zb-zb-zb-]

③ [fl]

[f]와 [l]을 조합하여 연습한다. 아랫입술에 윗니를 살짝 대고 강하게 숨을 내뱉으면서 [f]를 발음한다. 곧바로 혀를 윗니 뒤 잇몸에 붙이듯이 하여 [l]을 발음한다.

[fl-fl-fl-fl-fl-fl-fl-fl   fl-fl-fl-fl-fl-fl-fl-fl]

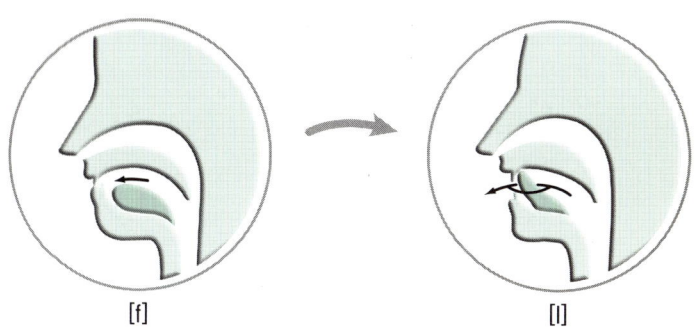

[f]　　　　　　　　[l]

④ [bl]

두 입술을 붙여서 [b]를 발음하고, 바로 [l]을 발음한다.

[bl-bl-bl-bl-bl-bl-bl-bl   bl-bl-bl-bl-bl-bl-bl-bl]

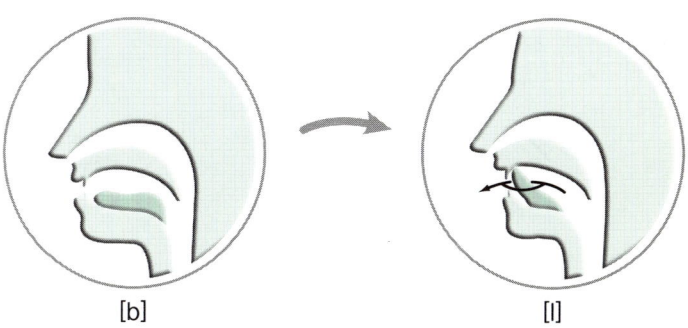

[b]　　　　　　　　[l]

⑤ [pʰl]

두 입술을 모아서 [pʰ]를 발음한 후 바로 [l]을 발음한다. [pʰ]는 강하게 숨을 내뱉듯이 발음한다.

[pʰl-pʰl-pʰl-pʰl-pʰl-pʰl-pʰl-pʰl   pʰl-pʰl-pʰl-pʰl-pʰl-pʰl-pʰl-pʰl]

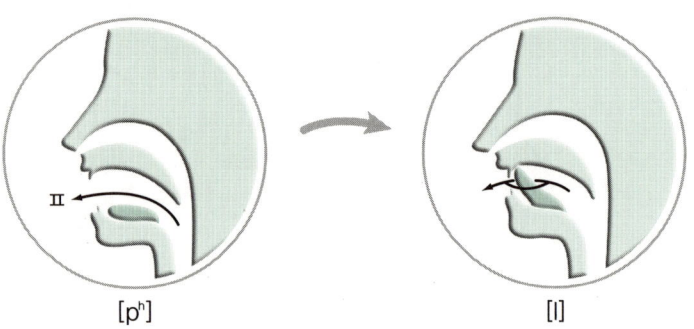

⑥ [ml]

[m]과 [l]을 조합하여 연습한다.

[ml-ml-ml-ml-ml-ml-ml-ml   ml-ml-ml-ml-ml-ml-ml-ml]

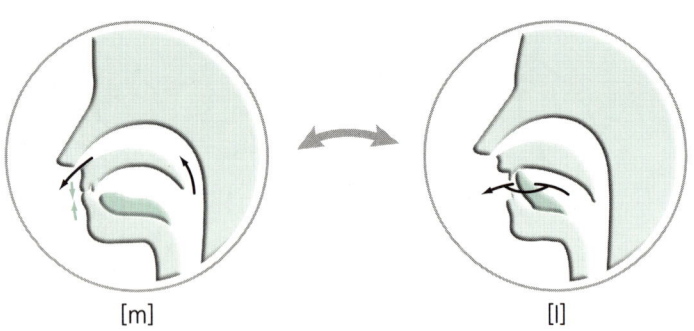

3개의 리듬 유닛으로 구성되는 리듬패턴 1

오늘의 리듬패턴에는 [D-d] 리듬 유닛이 모두 들어있다. [D-d]의 [d]음은 약해서 들리지 않는 경우가 있다.

1 TAPE를 들으면서 리듬패턴을 발음해 보자

오늘 마스터 할 리듬패턴

1 [D-d>D-d>DA#]
2 [D-d>D-d>DA-d#]
3 [D-d · d>D-d>DA#]
4 [D-d · d>D-d>DA-d#]

■ 주의

1 [D-d>D-d>DA#] *2* [D-d>D-d>DA-d#] *4* [D-d · d>D-d>DA-d#]의 [d]는 약하게 발음되기 때문에 TAPE에서는 들리지 않는다.

2 리듬패턴에 맞는 영문을 발음해 보자

1-B ① [D-d>D-d>DA#]

1. Absolutely not. 절대 아니예요,
2. Go ahead and try. 할 수 있는 만큼 해 보자,
3. Now I'm really broke. 지금은 정말 빈털터리다,
4. Take a look at this. 이것을 봐 주세요,
5. Now I'm wide awake. 완전히 잠이 깼어,
6. After nine is fine. 9시 이후는 괜찮아,
7. What a gorgeous bash! 굉장한 파티네!
8. Make yourself at home. 편히 쉬세요,
9. Happy Mother's day. 어머니의 날을 축하합니다,
10. No one knows the truth. 아무도 진실을 모른다,

1-B ② [D-d>D-d>DA-d#]

1. This is not my order. 이것은 내가 주문한 것이 아니예요,
2. Let me think it over. 생각할 수 있게 해 주세요,
3. What a load of nonsense. 뭐 그렇게 시시해,
4. Tell me what's the matter. 무슨 일이 있었는지 말해봐,
5. Hold yourself together. 정신 바짝 차려,
6. What a disappointment! 실망이야!
7. John and Mary love him. 존과 매리는 그를 사랑한다,
8. Look at all the flowers. 이 많은 꽃들을 보세요,

chapter 2 | 10일째

9 Seems that Bill has made it. 빌은 제 시간에 끝낸 것 같아요.
10 Help me hang the laundry. 빨래 너는 것을 도와줘.

1-B ③ [D-d · d>D-d>DA#]

1 Where can I pay for this? 계산은 어디에서 합니까?
2 Why don't you come along? 함께 가실래요?
3 Somebody swiped my bag. 누군가에게 가방을 소매치기 당했어.
4 How did you know this place? 어떻게 이곳을 알게됐어?
5 Where do I claim my bags? 어디에서 가방을 받습니까?
6 How would you like your steak? 스테이크는 어떻게 조리할까요?
7 What do you mean by that? 그것은 무슨 뜻입니까?
8 What do you make of this? 이것을 어떻게 생각합니까?
9 Those were the good old days. 옛날이 좋았지.
10 Here is your money back. 빌린 돈 갚을게요.

1-B ④ [D-d · d>D-d>DA-d#]

1 Sorry I wish you wouldn't.
   미안하지만 당신이 그렇게 안 했으면 좋겠어요.
2 Who is your favorite singer? 좋아하는 가수는 누구야?
3 Sounds like a good idea. 좋은 생각 같은데.
4 Supper is almost ready. 저녁식사는 금방 되요.
5 Why don't you go to school now? 지금 학교에 가는 게 어때?
6 Say it in simpler language. 좀더 쉬운 말로 해.

7　Where was this picture taken?　이 사진 어디서 찍었니?
8　Where did you take this picture?　이 사진 어디서 찍었니?
9　How about after seven?　7시 이후는 어때요?
10　Why don't you go by taxi?　택시타고 갈까?

오늘의 발음체조

chapter 2 10일째

숨을 내쉬고 들이쉬는 법과 안쪽 혀를 사용하는 발음법에 주의해서 [k]와 [g]발음을 연습해 보자.

트레이닝

① **[k]**

우선 한국어의 [카], [키], [쿠], [케], [코]를 발음하고, 어디와 어디를 사용해서 발음하고 있는지 확인해 보자. 안쪽 혀와 연구개(54쪽에 있는 전체 그림을 참조)를 사용해서 발음하고 있다. 조금씩 입을 크게 벌리면서 안쪽 혀의 위치를 확인하자. 입을 많이 벌리지 않을 때의 [k]와 입을 크게 벌릴 때의 [k]음을 비교해서 차이점을 확인해 보자.

[k-k-k-k-k-k-k-k-k-k-k-k-k-k-k]

▼ ①, ③

[k] [g]
kick의 [k], good의 [g]
혀가 앞에 있다

[k] [g]
come의 [k], god의 [g]
혀가 뒤에 있다

② [kʰl]

입을 반쯤 벌린 상태에서 [kʰ]를 강하게 발음하고, 입을 다물지 말고 [l]을 발음한다. 연속해서 발음해도 입이 다물어지지 않게 주의하면서 연습한다. 혀끝을 잇몸에 붙인 채 발음하는 것도 같이 해 보자.

[kʰl-kʰl-kʰl-kʰl-kʰl-kʰl-kʰl-kʰl kʰl-kʰl-kʰl-kʰl-kʰl-kʰl-kʰl-kʰl]

▼ ②,④

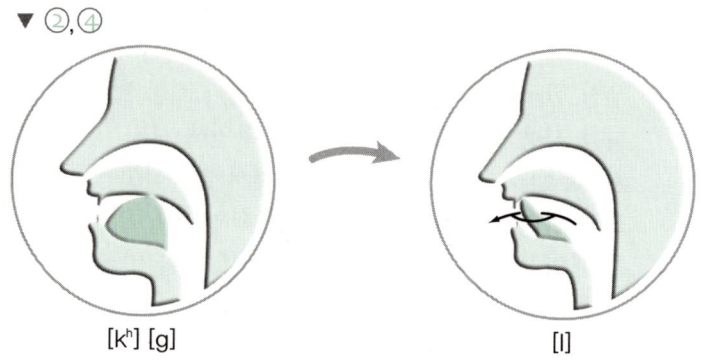

[kʰ] [g]　　　　　　　　[l]

③ [g]

[k]와 같은 방법으로 입을 점점 크게 벌리면서 [g]를 발음하고, 혀끝의 위치를 확인한다. (입을 크게 벌리면 [k]와 마찬가지로 마지막은 [아]음이 된다)

[g-g-g-g-g-g-g-g-g-g-g-g-g-g-g-g]

④ [gl]

②를 참고해서 연습한다.

[gl-gl-gl-gl-gl-gl-gl gl-gl-gl-gl-gl-gl-gl]

3개의 리듬 유닛으로 구성되는 리듬패턴 2

강한 리듬이 많으면 음정(억양)이 어려워지게 된다. [DA] 전의 음정을 일정하게 유지하면서, [D]발음이 약하게 나오지 않도록 조심한다.

1 TAPE를 들으면서 리듬패턴을 발음해 보자

 오늘 할 리듬패턴

1　[D-d>D-d·d>DA#]
2　[D-d>D-d·d>DA-d#]
3　[D-d·d>D-d·d>DA#]
4　[D-d·d>D-d·d>DA-d#]

■ 주의

1 [D-d>D-d·d>DA#]와 2 [D-d>D-d·d>DA-d#]의 맨 처음 리듬 유닛인 [D-d]에서 [d]음은 약해서 들리지 않는다.

2 리듬패턴에 맞는 영문을 발음해 보자

2-A ① [D-d>D-d · d>DA#]

1 Please don't do it like this. — 이런 행동은 하지 마세요.
2 Where's the ticket machine? — 표 판매기는 어디에 있어요?
3 What's the plan for tonight? — 오늘밤 계획은?
4 What's your schedule tonight? — 오늘밤 너의 일정은?
5 Nice to see you again. — 다시 만나서 기뻐요.
6 Put it back as it was. — 제자리에 놓으세요.
7 Keep an eye on the bags. — 가방을 잘 지켜라.
8 She is missing the point. — 그녀가 말한 것은 적절하지 못했다.
9 Say goodbye to your friends. — 친구들에게 작별인사를 하세요.
10 Change these bills into coins. — 지폐를 동전으로 바꿔주세요.

2-A ② [D-d>D-d · d>DA-d#]

1 This is not what I ordered. — 이것은 내가 주문한 것이 아니야.
2 Go and buy a banana. — 바나나를 사 와.
3 Please explain it more simply. — 좀 더 간단하게 설명해 주세요.
4 That's a difficult problem. — 어려운 문제네요.
5 That's a different story. — 다른 이야기네.
6 What on earth are you doing? — 도대체 무엇을 하고 있는 거야?
7 What's your telephone number?
전화번호가 어떻게 됩니까?

8 We are ready to study. 언제라도 공부할 수 있습니다.
9 Nancy looks like my sister. 낸시는 우리 언니와 닮았다.
10 No one mentioned his absence.
아무도 그가 없다는 것을 말하지 않았다.

2-A ③ [D-d · d>D-d · d>DA#]

1 What are you doing tonight? 오늘밤 뭐하니?
2 What is the end of the line? 이 줄의 끝은 어디입니까?
3 What was the weather report? 일기예보는 어땠습니까?
4 This watch is ten minutes fast. 이 시계는 10분 빠르다.
5 What kind of food do you like? 어떤 음식을 좋아해?
6 How about something to drink? 마실 것 줄까?
7 Step to the side of the road. 길가로 걸어.
8 How are you getting along? 어떻게 지내?
9 What do you figure on this? 너는 이것을 어떻게 생각해?
10 That's about all I can take! 더 이상 참을 수 없어!

2-A ④ [D-d · d>D-d · d>DA-d#]

1 Sorry for keeping you waiting. 기다리게 해서 죄송합니다.
2 Look at yourself in the mirror. 거울에 비친 네 모습을 봐.
3 Why don't we share my umbrella?
우산 같이 쓸래?
4 What do you say we go skiing? 스키 타러 가지 않을래?

5 What kind of things would you care for?
어떤 것이 괜찮습니까?

6 How can I get to the station?
역은 어떻게 갑니까?

7 Part of the bridge has been broken.
다리 일부가 부서졌네.

8 How about Saturday evening?
토요일 밤은 어때?

9 How are you going to get there?
저기에 어떻게 가?

10 What are you cooking for supper?
저녁으로 무엇을 했어?

주의
7 은 조금 어렵지만, 빠른 스피드로 도전해 보자.

오늘의 발음체조

chapter 2 11일째

혀를 마는 [r]발음은 한국인에게 가장 약한 부분이지만 ①, ②의 연습을 반복하면 그렇게 어렵지는 않다.

[r] 발음 트레이닝

① 준비운동

1. 우선 [l]을 발음하듯이 혀끝을 윗니 뒤 잇몸에 붙인다.
2. 붙인 혀끝을 입천장을 따라 목구멍 쪽으로 넘긴다.
3. 혀끝을 입천장으로부터 떨어지지 않게 하면서 다시 윗니 뒤 잇몸의 위치로 돌아온다.
4. 이 운동을 매일 20~30회 계속 한다. 이때 소리는 내지 않는다.

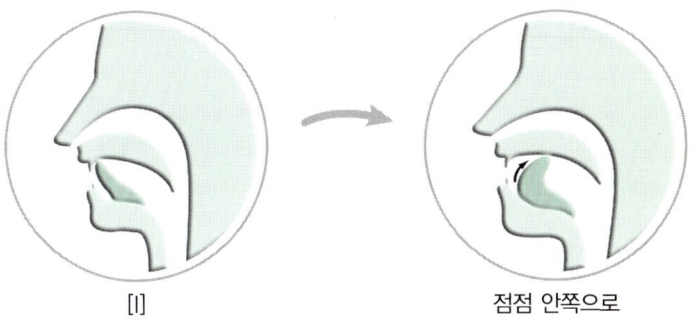

[l]   점점 안쪽으로

영어머리 만들어 가기 117

② [r]

①을 계속해서 확실히 혀에 힘이 들어가게 되면, 혀 끝을 입천장에 댄 채, 목구멍쪽으로 혀를 접으면서 [아] 하고 발음한다. 안에서 맴도는 듯한 음, 그것이 [r]발음이다. ①, ②를 반복해서 연습하면 [r]발음이 향상된다.

[r]

반 유닛으로 시작되는 리듬패턴

[d]만 있는 반 유닛으로 시작되는 리듬패턴들이다.
반 유닛에 주의해서 [D]의 타이밍을 놓치지 않도록 한다.

1 TAPE를 들으면서 리듬패턴을 발음해 보자

2-A **오늘 마스터 할 리듬패턴**

1 [d>D-d>D-d>DA#]
2 [d>D-d>D-d>DA-d#]
3 [d>D-d · d>D-d>DA#]
4 [d>D-d>D-d · d>DA#]

2 리듬패턴에 맞는 영문을 발음해 보자

2-A **1** [d>D-d>D-d>DA#]

1 She's five and half years old.   그녀는 5살 반이다.
2 She must have gone to sleep.   그녀는 자고 있는 것이 분명해.
3 You must be feeling tired.   피곤하시군요.

4 It isn't like that in here.   여기에서는 그런 방법은 쓰지 않아.
5 There isn't a dog outside.   밖에는 개가 없습니다.
6 I knew it couldn't be Bill.   빌이 아님을 알고 있다.
7 I do have time for snacks.   간식 먹을 시간은 충분하다.
8 I told you not to smoke.   금연하라고 말했을 텐데.
9 You shouldn't have let him go.   그를 보내지 말 걸.
10 He made you quit your turn.   그가 너의 차례를 그만두게 했어.

2-A [d>D-d>D-d>DA-d#]

1 I hope I won't offend you.
　당신의 기분이 상하지 않았으면 좋겠는데.

2 The engine's very noisy.   엔진소리가 너무 시끄럽다.
3 I'd like to see the doctor.   의사에게 진찰받고 싶어.
4 I want an airline ticket.   비행기표 1장이 필요해.
5 I wish I hadn't denied it.   부인하지 않았으면 좋았을 걸.
6 I want to do some baking.   빵을 구워보고 싶어.
7 The sky was blue and cloudless.
　하늘은 파랗고 구름 한점 없다.

8 I hear you're getting married.   네 결혼 소식 들었어.
9 I can't let down my parents.   부모님을 실망시킬 수 없어.
10 It makes you feel much better.   그것은 기분을 좋게 해 준다.

chapter 2   12일째

2-A ❸ [d>D-d · d>D-d>DA#]

1 My English is not too good.   영어를 잘 하는 편이 아니예요.
2 Let's talk about something else.   화제를 바꿔보자.
3 I usually pay by cash.   보통 현금으로 지불합니다.
4 We're doing the best we can.   최선을 다 해.
5 The weather's been nice these days.
   요즘 좋은 날씨가 계속되고 있습니다.
6 I brush after every meal.   매번 식사 후에 양치질한다.
7 I told you it couldn't be Bill.   빌이 아닐 것이라고 말했어.
8 I wish it belonged to me.   내 것이었으면 좋았을 텐데.
9 She visits her teacher's house.   그녀는 선생님 댁에 들렀습니다.
10 She bought me a dirty shirt.
   그녀는 나에게 더러운 셔츠를 사줬다.

2-A ❹ [d>D-d>D-d · d>DA#]

1 It must have run out of gas.   가스가 떨어진 것이 분명해.
2 I have to ask you to leave.   나가 주세요.
3 I want to pay it in cash.   현금으로 지불하고 싶은데요.
4 The train is ready to start.   기차가 곧 출발하겠습니다.
5 You've got to send him away.   당신은 그를 해고시켜야 해요.
6 She's getting married this week.
   그녀는 이번 주에 결혼해.

영어머리 만들어 가기   121

7 He hasn't been well since last week.
그는 지난주부터 몸이 좋지 않다.

8 There's nothing odd about that.
그것은 전혀 이상하지 않다.

9 You've got to let me explain.
너는 내 설명을 들어야 해.

10 I couldn't quite catch what you said.
당신이 말한 것을 전혀 이해하지 못하겠어요.

오늘의 발음체조

chapter 2 12일째

욕조에 물을 받은 후 가슴까지 몸을 담근 다음 배에 있는 숨을 한번에 밀어내면 복식호흡이 된다.

복식호흡 트레이닝

① [ʔ]

익숙하지 않은 발음기호이지만 발음해 보면 간단하다. 우선 [아]를 발음하듯이 입을 연다. 이 때 [아]발음을 해서는 안 된다. 그리고 숨을 내쉬지 말고 [아]를 발음하면, 배에 힘이 들어가는 것이 느껴질 것이다. 가볍게 기침을 하듯이 숨을 내쉬어 보자. 그러면 간단하게 [ʔ]발음이 된다. 기침과 같은 음이다.

▼ ①, ②

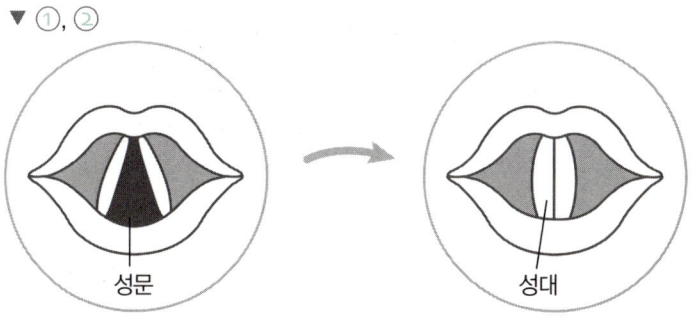

성문 → 성대

② **복식호흡**

[ʔ]발음이 되었으면, 다음에는 복근에 힘을 준다. 복근에 힘을 주면 성대가 닫힌다. 그 상태에서 숨을 쉬지 말고, 배에 있는 숨을 강하게 밀어내듯이 발음하면 복식호흡이 된다.

영어머리 만들어 가기 123

4개의 리듬 유닛으로 구성되는 리듬패턴 1

오늘의 리듬패턴은 강한 리듬([D]와 [DA])이 4개 사용된다. 일정한 강세를 유지하면서 발음하도록 하자.

1 TAPE를 들으면서 리듬패턴을 발음해 보자

2-A 오늘 마스터할 리듬패턴

1 [d>D-d>D-d>D-d>DA#]
2 [d>D-d>D-d>D-d·d>DA#]
3 [d>D-d>D-d·d>D-d>DA#]
4 [d>D-d>D-d·d>D-d·d>DA#]

■ 주의
3 [d)D-d)D-d·d)D-d)DA#]의 [d]는 약해서 TAPE에서는 들리지 않는다.

2 리듬패턴에 맞는 영문을 발음해 보자

2-A ❶ [d>D-d>D-d>D-d>DA#]

1 I can't believe how well you write.
   네가 그렇게 글을 잘 쓰다니 믿을 수가 없어.

chapter 2 13일째

2 I'd like to say a few more words.
   좀 더 말하고 싶어.

3 It won't be long before he comes.
   그는 곧 올 것이다.

4 I'm not quite certain where he lives.
   그가 어디에 사는지 확실하지 않다.

5 He knew the sort of things I meant.
   그는 내가 생각하고 있는 것을 알고 있다.

2-A [d>D-d>D-d>D-d · d>DA#]

1 I hope you haven't been waiting so long.
   너무 오래 기다리지 않았으면 좋겠다.

2 I haven't received a water bill yet.
   수도요금 청구서를 아직 못 받았어요.

3 You'd better go and have a good look.
   가서 잘 보고와.

4 The injured man was carried in here.
   부상당한 남자가 여기로 실려 왔다.

5 I wasn't aware that John had been off.
   나는 존이 없다는 것을 알아채지 못했다.

2-A ③ [d>D-d>D-d · d>D-d>DA#]

1. **I** couldn't **quite** think **of** a better **choice**.
   더 나은 것을 생각해 내지 못했다.

2. **I** want to pay with a credit **check**.
   수표로 지불하고 싶어요.

3. **He** hasn't **completed** the work as **yet**.
   그는 아직도 그 일을 끝내지 못했다.

4. **I'd** like to give you the rest in **cash**.
   잔금은 현금으로 드리고 싶어요.

5. **The** other **register** over **there**.
   저쪽 등록부를 이용해 주세요.

2-A ④ [d>D-d>D-d · d>D-d · d>DA#]

1. **I** won't be ready for half an hour **yet**.
   30분 안에 준비할 수는 없어요.

2. **I** have to make an emergency **call**.
   긴급전화를 해야 해요.

3. **You've** got some sauce on the side of your **mouth**.
   입가에 소스가 묻었어요.

4. **You've** got to stand at the end of the **line**.
   이 줄 맨 뒤에서 기다리세요.

5. **You've** got to learn to behave like a **man**.
   너는 남자답게 행동하는 법을 배워야 해.

4개의 리듬 유닛으로 구성되는 리듬패턴 2

문장이 점점 길어지지만, 리듬 유닛을 확실히 발음 하도록 의식 하면서 연습하자.

1 TAPE를 들으면서 리듬패턴을 발음해 보자

오늘 할 리듬패턴

1 [D>D-d>D-d>DA#]
2 [D>D-d·d>D-d·d>DA-d#]
3 [D-d·d>D>D-d·d>DA#]
4 [D-d>D-d·d>D-d>DA#]
5 [D-d·d>D-d>D-d>DA-d#]
6 [D-d·d>D-d·d>D-d>DA#]
7 [D-d>D-d>D-d·d>DA-d#]
8 [D-d·d>D-d·d>D-d·d>DA#]

■ 주의
[D-d]의 [d]음은 약하게 발음되어 들리지 않는 경우도 있다.

2 리듬패턴에 맞는 영문을 발음해 보자

2-A [D>D-d>D-d>DA#]

1 Get dressed and come downstairs.
옷 갈아입은 후에 밑으로 내려오세요.

2 Change lanes and pass the car.
차선을 바꿔서, 저 차를 추월해.

3 This pencil isn't so sharp.   이 연필은 별로 뾰족하지 않다.
4 Please put your mind at ease.   안심하세요.
5 That's really out of date.   정말로 시대에 뒤떨어졌어.

2-A ② [D>D-d · d>D-d · d>DA-d#]

1 How long are you going to practice?
얼마동안 연습할거야?

2 Let's go for a drink on your payday.
네 월급날에 한 잔 하러 가자.

3 This project has plenty of problems.
이 계획은 문제가 많다.

4 Please bring me some cookies and candies.
쿠키와 사탕을 가져다 주세요.

5 This sofa is really fantastic.
이 소파는 정말 환상적이야.

2-A ③ [D-d · d>D>D-d · d>DA#]

1 **Looks** like you've **found** something you **like**.
좋아하는 물건을 발견한 모양이군요.

2 **Look** at that fat cat on the **roof**.
지붕에 있는 저 뚱뚱한 고양이를 봐.

3 **Smoking** will do harm to your **health**.
흡연은 건강을 해칩니다.

4 **Who** is that girl smiling at **me**?
나에게 미소 짓는 저 소녀는 누구입니까?

5 **Who** is that big man on the **bridge**?
다리 위에 있는 덩치 큰 남자는 누구입니까?

2-A ④ [D-d>D-d · d>D-d>DA#]

1 **Don't** you make **such** a sudden **stop**.
그렇게 급정차를 하지 마세요.

2 **What** a beautiful day it **is**!
멋진 날이네요!

3 **Keep** away from that park at **night**.
밤에 저 공원에 가면 안돼.

4 **This** is Mr.Suzuki's **house**.
이곳이 스즈키씨 집입니다.

5 **Press** this button to call the **nurse**.
간호사를 부를 때는 이 단추를 누르세요.

2-A 5 [D-d · d>D-d>D-d>DA-d#]

1. **Everyone leaves except for Mary.**
   메리 외에는 모두 돌아갔어요.

2. **Which is the train for San Francisco?**
   어느 것이 샌프란시스코행 기차입니까?

3. **Which do you think is good for swimming?**
   어느 쪽이 수영하는 데 좋을까요?

4. **Tom was the first to break the record.**
   톰이 처음으로 그 기록을 깼다.

5. **This is the text I used for reading.**
   이것은 읽기에 사용한 교과서입니다.

2-A 6 [D-d · d>D-d · d>D-d>DA#]

1. **How are you going to pay for that?**
   어떻게 지불하시겠습니까?

2. **What are my choices for bottled beer?**
   내가 선택한 병맥주는 마음에 드니?

3. **Turn off the light when you leave the room.**
   방을 나갈 때에는 불을 꺼주세요.

4. **Why did you say such a thing to him?**
   왜 그에게 그렇게 말했니?

5. **Thank you for taking the time to come.**
   시간을 내주셔서 고맙습니다.

chapter 2 14일째

2-A 〈7〉 [D-d>D-d>D-d·d>DA-d#]

1 Give my best regards to your parents.
부모님께 안부 전해 주세요.

2 Either you or I have to go there.
우리 둘 중에 하나는 거기에 가야만 해.

3 Mr.Becker teaches us music.
베이커선생님은 우리에게 음악을 가르쳐 주십니다.

4 First you have to boil these potatoes.
우선 이 감자를 삶아요.

5 Put your toys away in the closet.
장난감을 수납장에 정리하세요.

2-A 〈8〉 [D-d·d>D-d·d>D-d·d>DA#]

1 You've got to stand at the end of the line.
이 줄 맨 뒤에 서 주세요.

2 This is a little expensive for me.
약간 비싸군요.

3 Leave me alone or I'll call the police.
귀찮게 따라다니면 경찰을 부르겠어요.

4 What do you think is especially nice?
특히 좋은 물건은 무엇입니까?

5 What kind of bike are you going to buy?
어떤 종류의 자전거를 살꺼야?

문법은 직감으로 잡는다 1

여기부터는 응용편이다. 우선은 문장을 확장하는 연습부터 시작하자. 교재를 덮고, 리듬 유닛을 의식하면서 TAPE의 발음대로 따라하자.

1 문장을 확장한다

여기에서는 하나의 문장이 다른 요소를 더해서 조금씩 변화하거나, 확장하는 모양을 관찰하는 동시에, 원래의 문장과 변화·확장된 문장과의 관계를 머릿속에 집어넣는 연습을 한다. 리듬패턴을 연상하면서 영문을 발음해보자.

2-B ① Dogs eat bones.   [D>D>DA#]

1 The dogs eat the bones.   [d>D>D-d>DA#]
2 The dogs will eat the bones.   [d>D-d>D-d>DA#]
3 The dogs are eating the bones.   [d>D-d>D-d·d>DA#]
   The dogs have eaten the bones.
4 The dogs will have eaten the bones.
                                    [d>D-d·d>D-d·d>DA#]
5 The dogs would have eaten the bones.
                                    [d>D>D-d>D-d·d>DA#]

chapter 2 15일째

2-B **②** Tom's a teacher.   [D-d>DA-d#]

  1 Tom has been a teacher.   [D-d · d · d>DA-d#]
     Tom will be a teacher.
     Tom can be a teacher.
  2 Tom must be a teacher.   [D>D-d · d>DA-d#]
     Tom must have been a teacher.   [D>D-d · d · d>DA-d#]
     Tom would have been a teacher.
     Tom should have been a teacher.
  3 Tom will have been a teacher.   [D-d · d · d · d>DA-d#]

2-B **③** He's an ambassador.   [D-d · d>DA-d · d#]

  1 He's been an ambassador.   [D-d · d · d>DA-d · d#]
  2 He'll have been an ambassador.
                                      [D-d · d · d · d>DA-d · d#]
  3 He would have been an ambassador.
                                      [d>D-d · d · d · d>DA-d · d#]
     He must have been an ambassador.

2-B **④** It's getting cold.   [d>D-d>DA#]

  1 It's getting colder.   [d>D-d>DA-d#]
  2 It's getting very cold.   [d>D-d>D-d>DA#]
  3 It's getting much colder.   [d>D-d>D>DA-d#]

영어머리 만들어 가기 133

4 It's getting a bit colder.   [d>D-d · d>D>DA-d#]
5 It's getting colder and colder.   [d>D-d>D-d · d>DA-d#]

2-B 5 She's expecting to see him. [d · d>D-d · d>DA-d#]

1 She's expecting to see him there.
   [d · d>D-d · d>D-d>DA#]
2 She's expecting to see him there today.
   [d · d>D-d · d>D-d>D-d>DA#]
3 She's expecting to see him at school.
   [d · d>D-d · d>D-d · d>DA#]
4 She's expecting to see him at school today.
   [d · d>D-d · d>D-d · d>D-d>DA#]

2-B 6 John has books.   [D-d>DA#]

1 John has lots of books.   [D-d>D-d>DA#]
2 John has lots of books to read.   [D-d>D-d>D-d>DA#]
3 John has lots of interesting books to read.
   [D-d>D-d>D-d · d · d>D-d>DA#]

2-B 7 The novel is interesting. [d>D-d · d>DA-d · d · d#]

1 The novel is very interesting.
   [d>D-d · d>D-d>DA-d · d · d#]

2 The novel isn't very interesting.

[d>D-d>D-d · d>DA-d · d · d#]

2-B The shop is around the corner.

[d>D-d · d>D-d>DA-d#]

1 The shop is just around the corner.

[d>D-d>D-d · d · d>DA-d#]

2 The toy shop is just around the corner.

[d>D-d · d>D-d · d · d>DA-d#]

3 The famous toy shop is just around the corner.

[d>D-d>D-d · d>D-d · d · d>DA-d#]

COLUMN 문법습득에 리듬패턴이 도움이 되는가?

리듬패턴은 문법습득에도 도움이 된다. 문법은 이론이 아닌 직감으로 익히는 것이다. 문법도 지금까지와 마찬가지로 리듬패턴으로 영어문장을 발음하면 자연스럽게 익히게 된다.

대충 연습이 끝났을 때에는 왠지 모르게 여러분의 머릿속에 문장과 문장이 자연스럽게 연결되는 느낌이 들 것이다.

문법의 기초는 [어순]이다. [어순]만 정확하게 머리에 들어가 있으면, 그 후에는 좌뇌가 자연스럽게 문법을 뇌 안에서 형성한다. 그래도 걱정되는 분은 연습을 많이 해서 부드럽고 바르게 발음할 수 있게 된 후 문법공부를 해보자. [뭐야~, 그랬구나!] 하고 마음으로부터 납득될 것이다. 그 때 처음으로 문법 이론이 언어의 실체와 일치해서 [내 말]이 되는 것이다.

문법은 직감으로 잡는다 2

어떤 것을 표현하는 방법은 딱 하나라고 말할 수 없다. 어순, 품사, 어휘, 구조, 여기에 견해와 입장을 바꾸어, 여러 방법으로 표현하는 것이 가능하다. 여기에서는 이러한 다양함을 리듬패턴으로 뇌에 입력해 보자.

2 어순을 바꾸어 보자

단어는 그대로 하고 어순을 바꾸어 같은 표현을 만드는 것이 가능하다.

2-B **1** 그는 그의 책을 전부 버렸다.
1 He gave all his books away. [d>D-d · d>D-d>DA#]
2 He gave away all his books. [d>D-d · d>D-d>DA#]

2-B **2** 그녀는 이야기를 꾸며댔다.
1 She made up a story. [d>D-d · d>DA-d#]
2 She made a story up. [d>D-d · d · d>DA#]

2-B **3** 피터는 나와 이야기하려고 왔다.
1 Peter himself came to talk to me.
　　　　　　　　　　　[D-d · d>D>D-d>DA-d · d#]
2 Peter came to talk to me himself.
　　　　　　　　　　　[D-d>D-d>D-d · d>DA#]

chapter 2 16일째

2-B ④ 딸들은 엄마에게 비밀을 모두 얘기했다.
1 The daughters told their mother all their secrets.
[d>D-d>D-d>D-d · d · d>DA-d#]
2 The daughters told all their secrets to their mother.
[d>D-d>D-d · d>D-d · d · d>DA-d#]

3 품사를 바꾸어 보자

동사 대신에 동작을 나타내는 명사로 표현하는 것이 가능하다. 또한 부사 대신에 형용사를 사용하는 것도 가능하다.

2-B ① 그는 문을 한 번 찼다.
1 He kicked the door once.   [d>D-d>D>DA#]
2 He gave a kick to the door.   [d>D-d>D-d · d>DA#]

2-B ② 그는 전혀 일하지 않는다.
1 He works little.   [d>D>DA-d#]
2 He does little work.   [D-d>D-d>DA#]

2-B ③ 나는 그녀를 방문했다.
1 I visited her.   [d>D-d · d>DA#]
2 I paid her a visit.   [d>D-d · d>DA-d#]

영어머리 만들어 가기 137

2-B ④ 그들은 쉬었다.
1 They rested. [d>DA-d#]
2 They took a rest. [d>D-d>DA#]

2-B ⑤ 그들은 신속히 대처했다.
1 They acted promptly. [d>D-d>DA-d#]
2 They were prompt to act. [D-d>D-d>DA#]

2-B ⑥ 그는 문을 노크했다.
1 He knocked at the door once. [d>D-d · d>D>DA#]
2 He gave a knock at the door. [d>D-d>D-d · d>DA#]

2-B ⑦ 내 편지에 그는 빨리 답장을 해 주었다.
1 He quickly answered my letter. [d>D-d>D-d · d>DA-d#]
2 He was quick to answer my letter.
   [d · d>D-d>D-d · d>DA-d#]

2-B ⑧ 그는 기꺼이 우리를 지원해 줄 것이다.
1 He'll willingly give us his support.
   [d>D-d · d>D-d · d · d>DA#]
2 He's willing to give us his support.
   [d>D-d · d>D-d · d · d>DA#]

138

chapter 2 16일째

2-B 🎵 음악을 들을까요?
1 Let's listen to some music.   [d>D-d · d · d>DA-d#]
2 How about listening to some music?
                                 [D-d · d>D-d · d · d>DA-d#]

4 어휘를 바꾸어 보자

같은 의미를 다른 단어로 표현하는 것도 가능하다.

2-B ① 그는 언제라도 출발할 수 있다.
1 He's ready to leave.   [d>D-d · d>DA#]
2 He's prepared to leave.   [d · d>D-d>DA#]

2-B ② 그는 만취했다.
1 He was dead drunk.   [d · d>D>DA#]
2 He was absolutely drunk.   [D-d>D-d>D-d>DA#]

2-B ③ 너는 이 책을 읽어야 한다.
1 You ought to read this book. [d>D-d>D-d>DA#]
2 You should read this book.   [D-d>D-d>DA#]
3 You'd better read this book. [d>D-d>D-d>DA#]
4 I'd advise you to read this book.
                                [d · d>D-d · d>D-d>DA#]

영어머리 만들어 가기 **139**

2-B **4** 나는 최근에 그를 보지 못했다.
1 I haven't seen him lately.   [d>D-d>D-d>DA-d#]
2 I haven't seen him recently.   [d>D-d>D-d>DA-d · d#]

2-B **5** 자신의 일은 자신이 살펴야 한다.
1 Everybody should look after himself.
                    [D-d · d · d · d>D-d · d · d>DA#]
2 Everybody should look after themselves.
                    [D-d · d · d · d>D-d · d · d>DA#]

문법은 직감으로 잡는다 3

문장의 구조를 바꾸는 것으로, 같은 내용을 다른 표현으로 말해 보자. 여기에서도 문장을 보지 않고 연습하는 것이 중요하다. 무엇보다도 영어는 리듬과 발음이 기본이다. 리듬에 맞추어 움직이면서 연습해 보자.

5 구조를 바꾸어 보자

같은 뜻의 내용을 다른 구조의 문장으로 표현하는 것이 가능하다. 리듬패턴 중의 [|]는 조금 쉰 후, 말이 계속될 때의 억양에서 중간정도의 높이로 발음한다.

2-B ① 이 상자는 너무 무거워서 나는 옮길 수 없다.

1. This box is very heavy, and I can't carry it.

   [D>D-d>D-d>DA-d | d · d>D>DA-d · d#]

2. I can't carry this box because it's very heavy.

   [d>D>D-d · d>DA | d>D-d>D-d>DA-d#]

3. This box is so heavy that I can't carry it.

   [D>D-d>D>DA-d | d · d>D>DA-d · d#]

4. This box is too heavy for me to carry.

   [D>D-d>D>D-d · d>D-d>DA-d#]

2-B ❷ 그는 아파 보인다.
    1 It seems that he is ill.   [d>D-d>D-d>DA#]
    2 He seems to be ill.   [d>D-d · d>DA#]

2-B ❸ 그는 아팠던 것 같다.
    1 It seems that he's been sick.   [d>D-d>D-d>DA#]
    2 He seems to have been sick.   [d>D-d · d · d>DA#]

2-B ❹ 시합에는 졌지만, 그는 여전히 인기 있는 권투선수이다.
    1 He'd been defeated, but he remained the popular boxer.
        [D-d · d>DA-d | d · d · d>D-d>D-d · d>DA-d#]
    2 Though he'd been defeated, he remained the popular boxer.
        [D-d · d · d>DA-d | d · d>D-d>D-d · d>DA-d#]
    3 Though defeated, he remained the popular boxer.
        [D-d>DA-d | d · d>D-d>D-d · d>DA-d#]

2-B ❺ 강을 건너도 괜찮습니다.
    1 It's safe to cross the river.   [d>D-d>D-d>DA-d#]
    2 To cross the river is safe.   [d>D-d>D-d · d>DA#]
    3 It's safe crossing the river.   [d>D>D-d · d>DA-d#]
    4 Crossing the river is safe.   [D-d · d>D-d · d>DA#]
    5 The river is safe to cross.   [d>D-d · d>D-d>DA#]

chapter 2 17일째

6 구성을 알면 영어는 쉬워진다

⑤에서 한 구조변환의 연습에서는 간단한 문장을 두 개 결합시켜, 하나의 문장으로 만들었다. 잘 살펴보면, 원래 문장을 알 수 있는 것(타입1)과, 원래 문장을 알 수 없게 된 것(타입2)이 있다. 문장의 구조변환 방법에 따라서 차이가 있기 때문이다.

| 원래 문장의 형태가 그대로 보이는 문장

예 1

We were very busy.   +   We couldn't help them.
[D-d>D-d>DA-d#]   [d>D-d>DA-d#]

→ We were very busy, and we couldn't help them.
   [D-d>D-d>DA-d | d · d>D-d>DA-d#]

   우리는 너무 바빠서 그들을 도울 수 없었다.

예 2

The boy had a lot of money.   +   We were very surprised at it.
[d>D-d · d>D-d>DA-d#]   [d · d>D-d · d>DA-d · d#]

→ The boy had a lot of money, and we were very surprised at it.
   [d>D-d · d>D-d>DA-d | d · d · d>D-d · d>DA-d · d#]

   소년이 큰 돈을 가지고 있어서 우리는 매우 놀랐다.

영어머리 만들어 가기 143

타입 2 | 원래 문장의 형태가 변화되어 있는 문장

예 1

We were very busy.
[D-d>D-d>DA-d#]

+

We couldn't help them.
[d>D-d>DA-d#]

→ We were so busy that we couldn't help them.
[d·d>D>D-d·d·d>D-d>DA-d#]

예 2

The boy had a lot of money.
[d>D-d·d>D-d>DA-d#]

+

We were very surprised at it.
[d·d>D-d·d>DA-d·d#]

→ It surprised us a lot that the boy had a lot of money.
[d·d>D-d·d>D-d·d>D-d·d>D-d>DA-d#]

→ We were so surprised that the boy had such a amount of money.
[d·d>D-d>D-d·d>D-d>D-d·d>D-d>DA-d#]

문장의 구조변환이 진행되면 다음과 같이 된다.

→ The boy's possession of such a amount of money surprised us a lot.
[d>D-d>D-d·d>D-d·d>D-d>D-d·d>D-d·d>DA#]

다음과 같은 표현까지도 변환할 수 있다.

→ We were so surprised at the boy's possession of such a amount of money.
[d·d>D-d>D-d·d>D-d>D-d·d>D-d·d>D-d>DA-d#]

지금까지 해 왔던 대로 리듬패턴을 사용해서 발음연습을 하고, 문장의 의미를 이해해 두면, 여러분의 좌뇌가 자동적으로 분류, 분석을 하여 자연스럽게 문법을 머릿속에 들어가게 해준다.

중요한 것은 발음의 단위인 리듬 유닛을 확실하게 발음하도록 하는 것이다. 그렇게 함으로써 우뇌가 정확한 발음을 인식해 좌뇌에 전달하는 것이 가능해진다. 문장의 의미를 한국어로 번역하지 않아도 영어로 직감적으로 파악할 수 있게 된다.

 문법은 직감으로 잡는다 4

> 여기에서는 두 개의 문장을 하나로 만드는 연습을 다시 해보자. 문법적인 것을 의식하지 말고, 리듬패턴에 집중하여 발음하도록 해 보자. 문법적인 해설은 150쪽 이후에 있다.

7 2개의 문장을 1문장으로 만든다

단어는 그대로 하고 어순을 바꾸어 같은 표현을 만드는 것이 가능하다.

2-B

    a I have lots of friends.   [D-d>D-d>DA#]
    b Their mothers are nurses.   [d>D-d · d>DA-d#]
  ➡ I have lots of friends whose mothers are nurses.

2-B

    a I have lots of friends.   [D-d>D-d>DA#]
    b They are working abroad.   [D-d>D-d · d>DA#]
  ➡ I have lots of friends who are working abroad.
  ➡ I have lots of friends working abroad.

2-B 3

    a I have lots of friends.   [D-d>D-d>DA#]
    b I can trust them.   [d · d>DA-d#]
  ➡ I have lots of friends I can trust.

2-B 4

    a Look at the man.   [D-d · d>DA#]
    b He's standing against the wall.   [d>D-d · d>D-d>DA#]
  ➡ Look at the man standing against the wall.

2-B 5

    a Is there anything?   [d · d>DA-d · d#]
    b I can do something for you.   [D-d · d>D-d · d>DA#]
  ➡ Is there anything I can do for you?

2-B 6

    a I bought a table.   [d>D-d>DA-d#]
    b Its legs are made of steel.   [d>D-d>D-d>DA#]
  ➡ I bought a table whose legs are made of steel.
  ➡ I bought a table the legs of which are made of steel.

영어머리 만들어 가기

2-B **7**

    a You are the very person.   [D-d · d>D-d>DA-d#]
    b I have been looking for him.   [D-d · d>D-d · d>DA#]
➜ You are the very person I've been looking for.

2-B **8**

    a The boy is crossing the street.   [d>D-d>D-d · d>DA#]
    b He has poor eyesight.   [D-d>D>DA-d#]
➜ The boy who has poor eyesight is crossing the street.
➜ The boy whose eyesight is poor is crossing the street.

2-B **9**

    a Mrs. Smith has several kittens.
                          [D-d · d>D-d>D-d>DA-d#]
    b She wants to give them away.   [d>D-d>D-d · d>DA#]
➜ Mrs. Smith has several kittens she wants to give away.

2-B **10**

    a John was the first man.   [D-d · d>D>DA#]
    b He reached the top of the mountain.
                          [d>D-d>D-d · d>DA-d#]
➜ John was the first man who reached the top of the mountain.
➜ John was the first man to reach the top of the mountain.

chapter 2 18일째

2-B ⑪

    a I have a lot of work.   [D-d · d>D-d>DA#]
    b I've got to do it this evening.   [d>D-d>D-d · d>DA-d#]
  ➜ I have a lot of work I've got to do this evening.
  ➜ I have a lot of work to do this evening.

2-B ⑫

    a If all goes well, there's nothing.[d>D-d>DA | d>DA-d#]
    b You should worry about that.   [d · d>D-d · d · d>DA#]
  ➜ If all goes well, there's nothing you should worry about.
  ➜ If all goes well, there's nothing to worry about.

2-B ⑬

    a Mary thought up a game.   [D-d>D-d · d>DA#]
    b Children can play it.   [D-d · d>DA-d#]
  ➜ Mary thought up a game children can play.
  ➜ Mary thought up a game for children to play.

2-B ⑭

    a The best thing is to cut down the noise at it's source.
                   [d>D>D-d · d>D>D-d>D-d · d>DA#]
    b We can do it.   [d · d>DA-d#]
  ➜ The best thing we can do is to cut down the noise at it's source.
  ➜ The best thing to do is to cut down the noise at it's source.

8 2개의 문장을 1문장으로 만드는 방법

두개의 문장을 하나로 묶으려면 어떻게 하면 좋을까? 굳이 문법적으로 말한다면, 관계대명사나 to부정사, 명사구, 접속사 등을 사용해서 연결할 수 있다.

타입 1 | 관계대명사로 두 문장을 연결한다

He was the first man.
[D-d · d>D>DA#]
+
He reached the top of the mountain.
[d>D-d>D-d · d>DA-d#]

→ He was the first man who reached the top of the mountain.
[D-d · d>D>D-d>D-d>D-d · d>DA-d#]

그는 산 정상에 오른 최초의 사람이었다.

타입 2 | to부정사로 두 문장을 연결한다

It is dangerous.
[d · d>DA-d · d#]
+
We cross the river.
[d>D-d>DA-d#]

→ It is dangerous to cross the river.
[d · d>D-d · d · d>D-d>DA-d#]

강을 건너는 것은 위험하다.

chapter 2 18일째

타입 3 | 명사로 두 문장을 연결한다

It made everything clear.   +   He explained the matter well.
[d>D>D-d · d>DA#]   [d · d>D-d>D-d>DA#]

→ His good explanation of the matter made everything clear.
[d>D-d · d>D-d · d · d>D-d>D>D-d · d>DA#]

그의 명쾌한 설명으로 모든 것이 분명해 졌다.

타입 4 | and, but 등의 접속사로 두 문장을 연결한다

This box is very heavy.   +   I can't carry it.
[D>D-d>D-d>DA-d#]   [d>D>DA-d · d#]

→ This box is very heavy, and I can't carry it.
[D>D-d>D-d>DA-d | d · d>D>DA-d · d#]

이 상자는 너무 무거워서 나는 옮길 수 없다.

타입 5 | because, though 등의 접속사로 두 문장을 연결한다

He cannot go to work because of it.   +   He is ill.
[d · d>D>D-d>D-d>DA-d · d#]   [D-d>DA#]

→ He cannot go to work because he is ill.
[d · d>D>D-d>D-d>D-d · d>DA#]

그는 아파서 일하러 갈 수 없다.

타입 6 | 의미는 같아도 구조는 전혀 다른 문장으로 바꾸어 보자

He cannot go to work because of it.
[d·d>D>D-d>D-d>DA-d·d#]
+
He is ill.
[D-d>DA#]

→ He illness prevents him from going to work.
[d>D-d·d>D-d·d>D-d·d>DA#]

그는 아파서 일하러 갈 수 없다.

COLUMN 리듬 유닛의 복습

영어는 강한 비트로 시작되는 **리듬 유닛**으로 구성되어 있다. KenMc Method에서는 원칙적으로 리듬 유닛을 기본으로 리듬패턴을 연습한다.

He's standing against the wall.

라는 문장의 리듬패턴은

He's standing against the wall.
[d>D-d·d>D-d>DA#]

라고 표시할 수 있다. [>]로 구분된 발음의 한 단위가 [리듬 유닛]이다.

[d>D-d·d>D-d>DA#]의 [d]와 [D]는 영문의 against의 a와 gainst에 해당한다.

이와 같이 의미의 구분과 리듬의 구분이 달라지는 것에 주의하자. (의미의 구분은 against이지만 발음의 구분은 a와 gainst로 나누어진다.)

문장을 뒤에서부터 읽는다 1

짧은 문장은 리듬패턴을 먼저 연습했지만, 긴 문장은 조금 다른 연습방법이 효과적이다. 여기에서는 문장을 뒤에서부터 읽는 Back-forth-Build-up이라고 하는 방법으로 발음 연습을 해 보자.

Back-forth-Build-up이란?

마지막 리듬 유닛에서부터 하나씩 앞의 리듬 유닛을 덧붙여 발음을 연습하는 방법이다. 다음 페이지의 의 경우 some other day부터 시작한다. 이 방법은 다음과 같은 장점이 있다.

Back-forth-Build-up의 장점

1 연습부족이 되기 쉬운 마지막 부분을 반복해서 연습할 수 있다.
2 꼭 들어야 하는 하나의 발음단위를 인식할 수 있다.
3 리듬패턴의 틀을 깨지 않고 발음 할 수 있다.

■리듬 유닛

강한 비트로 시작되는 발음의 단위. 리듬패턴 표기에서 말하면 [>]로 구분된 하나의 묶음이다.

2-B ❶ She's expecting to see him at school some other day.

some other day.
school some other day.
see him at school some other day.
pecting to see him at school some other day.
She's expecting to see him at school some other day.
[d · d>D-d · d>D-d · d>D>D-d · d>DA#]

2-B ❷ John has lots of very interesting books he'd really like to read.

like to read.
really like to read.
books he'd really like to read.
very interesting books he'd really like to read.
lots of very interesting books he'd really like to read.
John has lots of very interesting books he'd really like to read.
[D-d>D-d>D-d · d · d · d · d>D-d>D-d>D-d>DA#]

2-B ❸ The detective novel isn't very interesting.

isn't very interesting.
novel isn't very interesting.
The detective novel isn't very interesting.
[d · d>D-d>D-d>D-d · d>DA-d · d · d#]

chapter 2 19일째

2-B **4** The famous American toy shop is just around the corner.
just around the corner.
toy shop is just around the corner.
merican toy shop is just around the corner.
The famous American toy shop is just around the corner.
[d>D-d · d>D-d · d>D-d · d>D-d · d · d>DA-d#]

2-B **5** Peter himself came to talk to me.
came to talk to me.
Peter himself came to talk to me.
[D-d · d>D>D-d>DA-d-d#]

2-B **6** Peter came to talk to me himself.
talk to me himself.
Peter came to talk to me himself.
[D-d>D-d>D-d · d · d>DA#]

2-B **7** You must find it enjoyable working here.
working here.
joyable working here.
find it enjoyable working here.
You must find it enjoyable working here.
[d · d>D-d · d>D-d · d>D-d>DA#]

영어머리 만들어 가기 155

2-B 8 The daughters told all their secrets to their mother.

secrets to their mother.
told all their secrets to their mother.
The daughters told all their secrets to their mother.
[d>D-d>D-d · d>D-d · d · d>DA-d#]

2-B 9 He's willing to give us his support.

give us his support.
willing to give us his support.
He's willing to give us his support.
[d>D-d · d>D-d · d · d>DA#]

2-B 10 Is there anything I can do for you?

do for you?
anything I can do for you?
Is there anything I can do for you?
[d · d>D-d · d>D-d>DA-d · d ‖]

156

chapter 2 19일째

2-B ⑪ Though he'd been defeated, he remained the popular boxer.
popular boxer.
remained the popular boxer.
he remained the popular boxer.
Though he'd been defeated, he remained the popular boxer.
[D-d · d · d>DA-d | d · d>D-d>D-d · d>DA-d#]

2-B ⑫ Though defeated, he remained the popular boxer.
popular boxer.
he remained the popular boxer.
Though defeated, he remained the popular boxer.
[D-d>DA-d | d · d>D-d>D-d · d>DA-d#]

문장을 뒤에서부터 읽는다 2

오늘도 어제의 학습에 이어 문장을 뒤에서부터 읽는
Back-forth-Build-up의 연습이다.

2-B ① It's safe to cross the river.

cross the river.
safe to cross the river.
It's safe to cross the river.
[d>D-d>D-d>DA-d#]

2-B ② To cross the river is safe.

river is safe.
To cross the river is safe.
[d>D-d>D-d · d>DA#]

2-B ③ It's safe crossing the river.

crossing the river.
It's safe crossing the river.
[d>D>D-d · d>DA-d#]

2-B ④ Crossing the river is safe.

river is safe.
Crossing the river is safe.
[D-d · d>D-d · d>DA#]

2-B ⑤ The river is safe to cross.

safe to cross.
The river is safe to cross.
[d>D-d · d>D-d>DA#]

2-B ⑥ I have lots of friends whose mothers are nurses.

mothers are nurses.
friends whose mothers are nurses.
lots of friends whose mothers are nurses.
I have lots of friends whose mothers are nurses.
[D-d>D-d>D-d>D-d · d>DA-d#]

2-B ⑦ I have a lot of friends who are working abroad.

working abroad.
friends who are working abroad.
lot of friends who are working abroad.
I have a lot of friends who are working abroad.
[D-d · d>D-d>D-d · d>D-d · d>DA#]

영어머리 만들어 가기 **159**

2-B 🎧 I have a lot of friends I can trust.

> friends I can trust.
> lot of friends I can trust.
> I have a lot of friends I can trust.
> [D-d · d>D-d>D-d · d>DA#]

2-B 🎧 Look at the man standing against the wall.

> gainst the wall.
> standing against the wall.
> man standing against the wall.
> Look at the man standing against the wall.
> [D-d · d>D>D-d · d>D-d>DA#]

2-B 🎧 I bought a table the legs of which are made of steel.

> made of steel.
> which are made of steel.
> legs of which are made of steel.
> table the legs of which are made of steel.
> I bought a table the legs of which are made of steel.
> [d>D-d>D-d · d>D-d>D-d>D-d>DA#]

chapter 2 20일째

2-B ⑪ The boy whose eyesight is poor is crossing the street.
poor is crossing the street.
eyesight is poor is crossing the street.
The boy whose eyesight is poor is crossing the street.
[d>D-d>D-d · d>D-d>D-d · d>DA#]

2-B ⑫ If all goes well, there's nothing to worry about.
nothing to worry about.
there's nothing to worry about.
If all goes well, there's nothing to worry about.
[d>D-d>DA | d>D-d · d>DA-d · d · d#]

2-B ⑬ The best thing is to cut down the noise at it's source.
noise at it's source.
down the noise at it's source.
cut down the noise at it's source.
thing is to cut down the noise at it's source.
The best thing is to cut down the noise at it's source.
[d>D>D-d · d>D>D-d>D-d · d>DA#]

2-B ⑭ The best thing we can do is to cut down the noise at its source.

noise at its source.

down the noise at its source.

cut down the noise at its source.

do is to cut down the noise at its source.

thing we can do is to cut down the noise at its source.

The best thing we can do is to cut down the noise at its source.

[d>D>D-d · d>D-d · d>D>D-d>D-d · d>DA#]

테스트편

20일 동안 열심히 리듬패턴을 연습한 사람은
이제 그 동안의 연습 성과를 확인해 보자.

영어머리 완성

리듬패턴 테스트

20일간의 연습 성과를 확인해 보자. TAPE를 잘 듣고, 아래의 테스트를 해 보자. 미리 영문을 보면 의미가 없어지므로, 반드시 테스트가 끝난 후 167쪽의 테스트 정답을 보자.

테스트 내용

1 영문에 맞는 리듬패턴을 찾는 테스트
2 리듬패턴에 맞는 영문을 찾는 테스트
3 같은 리듬패턴을 찾는 테스트
4 다른 리듬패턴의 영문을 찾는 테스트
5 같은 리듬패턴의 영문을 찾는 테스트

1 영문에 맞는 리듬패턴을 찾아보자

영문을 잘 듣고, 그에 맞는 리듬패턴을 들려주는 4개의 보기에서 찾아보자.

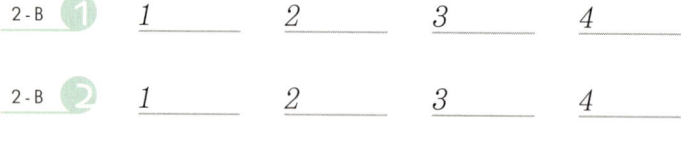

chapter 3

2 리듬패턴에 맞는 영문을 찾아보자

리듬패턴을 잘 듣고, 그에 맞는 영문을 들려주는 4개의 보기에서 찾아보자.

2-B ①   *1*_____   *2*_____   *3*_____   *4*_____

2-B ②   *1*_____   *2*_____   *3*_____   *4*_____

2-B ③   *1*_____   *2*_____   *3*_____   *4*_____

2-B ④   *1*_____   *2*_____   *3*_____   *4*_____

3 같은 리듬패턴을 찾아보자

리듬패턴을 잘 듣고, 그와 같은 리듬패턴을 들려주는 4개의 보기에서 찾아보자.

2-B ①   *1*_____   *2*_____   *3*_____   *4*_____

2-B ②   *1*_____   *2*_____   *3*_____   *4*_____

2-B ③   *1*_____   *2*_____   *3*_____   *4*_____

2-B ④   *1*_____   *2*_____   *3*_____   *4*_____

4 다른 리듬패턴의 영문을 찾아보자

영문을 잘 듣고, 그와 다른 리듬패턴의 영문을 들려주는 4개의 보기에서 찾아보자.

2-B ①　1_____　2_____　3_____　4_____

2-B ②　1_____　2_____　3_____　4_____

2-B ③　1_____　2_____　3_____　4_____

2-B ④　1_____　2_____　3_____　4_____

5 같은 리듬패턴의 영문을 찾아보자

영문을 잘 듣고, 그와 같은 리듬패턴의 영문을 들려주는 4개의 보기에서 찾아보자.

2-B ①　1_____　2_____　3_____　4_____

2-B ②　1_____　2_____　3_____　4_____

2-B ③　1_____　2_____　3_____　4_____

2-B ④　1_____　2_____　3_____　4_____

chapter 3

테스트 정답

1 영문에 맞는 리듬패턴을 찾아보자

① How's your son?
1 [d>D-d>DA#]
2 [D-d·d>DA#]
3 [D-d>DA#]
4 [D-d>DA-d#]

정답 | 3

② I have to go.
1 [d>D-d>DA#]
2 [D-d·d>DA#]
3 [d>D-d>DA-d#]
4 [D-d>DA-d#]

정답 | 1

③ Take it easy.
1 [d>D-d>DA-d#]
2 [D-d·d>DA#]
3 [d>D-d·d>DA#]
4 [D-d>DA-d#]

정답 | 4

영어머리 완성 **167**

④ She must have gone to sleep.

1 [D-d>D-d>DA-d#]
2 [d>D-d>D-d>DA#]
3 [d>D-d · d>DA-d#]
4 [d>D-d>D-d>DA-d#]

정답 | 2

2 리듬패턴에 맞는 영문을 찾아보자

① [d>D-d · d>DA#]

1 It's getting colder.   [d>D-d>DA-d#]
2 It certainly is.
3 See you tomorrow.   [D-d · d>DA-d#]
4 Let me say what I think.   [d · d>D-d · d>DA#]

정답 | 2

② [d>D-d · d · d>DA#]

1 It's difficult to say.
2 Where are you going?   [D-d · d>DA-d#]
3 It's impossible to say.   [d · d>D-d · d · d>DA#]
4 Who are you talking to?   [D-d · d>DA-d · d#]

정답 | 1

chapter 3

❸ [D-d>DA-d · d#]

1 I'll be here tomorrow.   [d>D-d · d>DA-d#]
2 I'd like to talk to you.   [d>D-d>DA-d · d#]
3 What's the matter with you?   [D-d>DA-d · d · d#]
4 What is happening?

정답 | 4

❹ [D-d>D-d · d>DA-d#]

1 It's nice to have met you.   [d>D-d · d>DA-d#]
2 I want to do some baking.   [d>D-d>D-d>DA-d#]
3 What a beautiful mountain!
4 Don't take it so seriously.   [D>D-d · d>DA-d · d · d#]

정답 | 3

3 같은 리듬패턴을 찾아보자

❶ [d>D-d · d>DA#]

1 [d · d>D-d>DA#]
2 [d>D-d · d>DA#]
3 [d · d>D-d>DA-d#]
4 [D-d · d>DA#]

정답 | 2

❷ [d>D-d>D-d · d>DA-d#]

1 [D-d>D-d · d>DA-d#]
2 [d>D-d · d>D-d · d>DA-d#]
3 [d>D-d · d>D-d>DA-d#]
4 [d>D-d>D-d · d>DA-d#]

정답 | 4

❸ [D-d>D-d · d>D-d>DA#]

1 [D-d>D-d · d>D>DA#]
2 [d>D-d · d>D-d>DA#]
3 [D-d>D-d · d>D-d>DA#]
4 [D-d · d>D-d>D-d>DA#]

정답 | 3

❹ [d>D-d>D-d>D-d · d>DA-d#]

1 [d>D-d · d>D-d>D-d · d>DA-d#]
2 [d>D-d · d>D-d · d>D-d>DA-d#]
3 [d>D-d · d>D-d>D-d>DA-d#]
4 [d>D-d>D-d>D-d · d>DA-d#]

정답 | 4

■ 주의

❸ [D–d>D-d · d>D–d>DA#]의 [d]는 약해서 들리지 않는다. [D–d]의 [d]가 들리지 않을 때와 [D]와의 타이밍의 차이에 주의하자.

4 다른 리듬패턴의 영문을 찾아보자

① Take it easy.　　　　　[D-d>DA-d#]

1 Here's your money.
2 When was that?　　　　[D-d>DA#]
3 Happy birthday.
4 Come and get it.

정답 | 2

② I told you not to smoke.　[d>D-d>D-d>DA#]

1 The engine's very noisy.　[d>D-d>D-d>DA-d#]
2 I do have time for snack.
3 He made you quit your turn.
4 You must be feeling tired.

정답 | 1

③ It's seven fifty.　　　　[d>D-d>DA-d#]

1 I come from Kyoto.
2 Just push the button.
3 It's nice to meet you.
4 I'm doing fine.　　　　[d>D-d>DA#]

정답 | 4

4 I have a sore throat.　　[D-d·d>D>DA#]

1　I'd like to change rooms.
2　You've got the wrong hat.
3　I had a great day.
4　I want to play baseball.　　[d>D-d>D>DA-d#]

정답 4

5 같은 리듬패턴의 영문을 찾아보자

1 He must be crazy.　　[d>D-d>DA-d#]

1　Who was told to go?　　[D-d>D-d>DA#]
2　I don't like movies.
3　I'll study a while.　　[d>D-d·d>DA#]
4　I'll talk to you later.　　[d>D-d·d>DA-d#]

정답 2

2 There's nothing left for us.　　[d>D-d>DA-d·d#]

1　That's why they're sick.　　[d>D-d>DA#]
2　Come into my office.　　[D-d·d·d>DA-d#]
3　I'll get in touch with you.
4　There isn't a dog outside.　　[d>D-d>D-d>DA#]

정답 3

chapter 3

3 What on earth do you mean? [D-d>D-d · d>DA#]

1 Let me say what I think.
2 What the hell are you doing? [D-d>D-d · d>DA-d#]
3 The sky was blue and cloudless. [d>D-d>D-d>DA-d#]
4 Paris is the capital of France. [D-d · d · d>D-d · d · d>DA#]

정답 | 1

4 I lost my credit card.   [d>D-d>D-d>DA#]

1 You're better think it over.   [d>D-d>D-d>DA-d#]
2 The line starts back there.   [d>D>D-d>DA#]
3 The bus is coming soon.
4 They were calling for help from there.
[d · d>D-d · d>D-d>DA#]

정답 | 3

영어머리 완성 **173**

Q KenMc Method에서는 리듬패턴이 문법과 의미보다 중요하다는 것을 알았습니다. 그러나 문법과 독해를 중심으로 공부해온 저에게는 정말 실감하기 어려운 부분인데, 쉽게 설명해 주세요.

A 알겠습니다. 이해하기 쉽게 [집]을 예로 들겠습니다. 우선 [집 전체]를 [언어]라고 생각하세요. 집을 짓기 위해서는 기본적으로 [토지], [건축자재], [건축가] 이렇게 세 가지가 필요합니다.

[토지]에 해당하는 것은 [말할 수 있는 환경]이고, [건축자재]에 해당하는 것은 [발음]입니다. [건축가]에 해당하는 것은 [인간] 또는 [인간의 두뇌]라고 할 수 있습니다. 실제 건축가와 다른 점은 스스로가 집주인이라는 점입니다.

인간은 [본능], [감각], [유전자 프로그램]을 가지고 있습니다. 언어는 학습을 통해서 얻어지는 것이므로, [본능]은 제외하고 생각해 봅시다. [건축자재]와 [건축가]는 스스로 집(모국어)을 만드는 것이 가능합니다. 또, [토지]와 [건축자재]가 다르면 종류가 다른 집(다른 언어)이 완성됩니다.

두 번째 집을 지을 때(모국어 이외의 외국어를 습득할 때)에는 예전에 집을 지었을 때의 방법(언어를 습득하는 방법)을 잊어버렸기 때문에 틀린 재료를 사용하거나(발음을 사용해야 할 곳을 문법에 의지하거나), 도구(감각)를 잘못 사용하거나, 원래의 설계도(유전자 프로그램)를 무시하고 집을 지으려 하기 때문에 부실주택(영어 콤플렉스)이 되는 것입니다.

건축자재는 용도에 따라 다양한 종류, 크기, 형태가 있습니다. 가장 기본적인 재료에는 외형을 만드는 지붕, 벽, 토대 등이 있습니다. **언어라는 집에는 건축자재인 [리듬패턴]이 불가결한 것입니다.** 미국의 집, 일본의 집, 한옥이 서로 다른 것처럼 언어도 종류(영어, 일본어, 한국어 등)에 따라서 리듬패턴이 달라집니다. 집안의 [방]은 [리듬 유닛]에 해당합니다. 집의 종류가 다르면 방의 형태(리듬 양식)도 달라집니다. 그리고 방에 있는 식기장과 장롱(음절) 형태도 다르고, 안에 넣는 식기와 옷(자음과 모음의 배치)도 달라집니다.

[건축가]에 해당하는 [뇌]는 좌뇌와 우뇌로 나눠집니다. 좌뇌에는 [분류, 분석능력]이, 우뇌에는 감각을 잡는 [패턴 인식능력]이 있습니다. 좌, 우뇌의 능력은 토지(말을 할 수 있는 환경)만 있으면, 자동적으로 움직여, 설계도(유전 프로그램)에 따라서 언어를 습득하도록 되어 있습니다. 그렇기 때문에 우리는 힘들이지 않고 언어를 익힐 수 있는 것입니다.

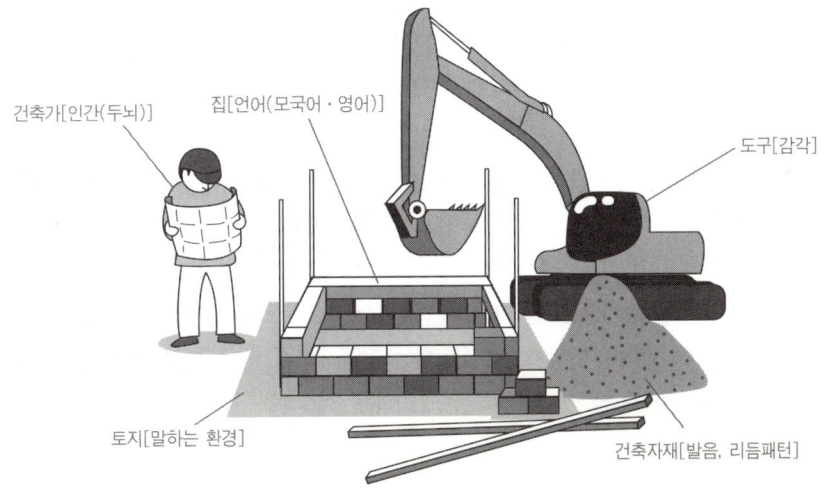

[집]을 예로 들면, [발음]과 [의미, 문법]과의 관계는 어떻게 되는 것입니까?

 우리들은 집안의 [방](발음)을 용도에 따라 거실, 식당, 침실 등으로 나눕니다. 즉 말의 재료로서의 [발음]은 단순한 [음]이 아니라, [의미](단어)나 [문법]의 단위로서 기능하고 있는 것입니다.

[말]이라고 하는 집의 [방]은 [명사], [동사], [형용사], [부사] 등의 [내용어]에 해당하는 단어로 문장의 기본이 되어 의미를 전달하는 역할을 합니다. 방을 연결하는 것이 현관, 복도, 계단 등 입니다. 말에서는 [내용어]를 연결하는 [접속사], [전치사], [관사], [관계사] 등의 [기능어]에 해당하는 단어입니다.

[문법]은 집주인의 생활습관, 즉 [행동패턴]입니다. [주어+동사+목적어] 아니면 [주어+동사+보어] 등으로 나열되는 것은 일정한 습관 혹은 규칙에 지나지 않습니다. 아침에 일어나면 먼저 세수를 하고, 식사를 하고, 이를 닦고, 화장실에 들렀다가 집을 나선다…… 이러한 [순서]가 말에서는 [어순]에 해당합니다.

[방](단어)을 사용해서, 일정한 [행동패턴](문법의 규칙)에 따라서 다양한 행동을 취하는 것이 [문법]이라고 생각하면 됩니다. 매일 같은 것을 하면, 습관화되어 자동적으로 행동할 수 있게 됩니다.

한국 사람은 한국어의 문법을 [습관]으로 익히기 때문에, 문법에 대한 [지식]이 없어도 자유자재로 사용하는 것입니다. 그러나 영문법은 [습관]이 아닌 [지식]으로 배우려 하기 때문에 어려운 것입니다.

이 책은 문법적인 설명을 최대한 줄이고, 영문법을 [습관]처럼 받아들일 수 있는 방법을 예로 들고 있습니다.

집이 [건물]과 [생활의 장소]라는 두 가지 측면을 갖고 있듯이, **말에도 [발음]과 [의미를 전달하는 음]이라는 두 가지 측면이 있습니다.** 즉, 영어를 습득할 때에는 [발음]을 말의 재료와 용도·기능이라는 두 가지의 다른 성질로서 구별하여, 좌뇌와 우뇌에(좌뇌에는 용도·기능을, 우뇌에는 말의 재료를) 적절하게 집어넣을 필요가 있습니다.

모국어를 배우게 되면, [발음]이라는 재료는 무의식적으로 사용할 수 있기 때문에 의사전달에 중요한 [의미]에 초점이 맞추어지고, 그 의미를 이해한 뒤에 [문법]을 생각하는 경향이 있습니다.

우리는 한국말을 [문법]부터 배운 것이 아니라, 발음을 많이 듣고, 발음과 의미의 관계를 연결하는 사이에 문법을 직감적으로 이해하게 된 것입니다. 그렇기 때문에 문법부터 공부하는 것은 [출구를 입구로 착각한 틀린 방법]과 같습니다.

출구와 입구 양쪽에서 공부하는 방법도 있겠지만, 단뇌 언어를 사용하는 한국인의 경우, 영어 습득은 양방통행이 아닌, 일방통행으로 시작하지 않으면 효과가 없다고 생각합니다.

우뇌에서 언어의 재료인 [발음 구조]를 확실히 학습하고, [발음과 의미]의 관계를 습득하는 연습을 철저하게 합니다. 그리고 감각을 유효하게 사용합니다. 단지 [무조건 들으면 돼!]라는 비과학적인 방법은 많은 한국인의 뇌에는 통하지 않는다는 것을 과거의 사례가 말해주고 있습니다. 과학적인 근거가 있고, 한국인의 머리에 쉽게 이해되는 방법이 필요한 것입니다.

 교재의 TAPE를 듣고, 기초부터 착실하게 [영어머리]로 바꿀 수 있는 방법을 알려주세요!

 KenMc Method를 효과적으로 연습하는 비결은 가능한 한 교재를 보지 않고 연습하는 것입니다.

1. 연습 방법

❶ [20일 훈련편]에서는 먼저 [오늘 마스터할 리듬패턴]을 집중적으로 연습합니다. 리듬패턴의 움직임을 파악할 수 있도록 몸을 움직이면서 충분히 연습하세요.

❷ 다음으로 리듬 유닛을 하나의 [패턴]으로 인식합니다. 각 리듬 유닛을 하나의 운동 패턴으로서, 몸으로 타이밍을 잡는 연습을 합니다. (각 리듬 유닛마다 팔을 한 번 흔든다거나, 자신에게 맞는 방법을 정하면 됩니다)

❸ 다음으로 [리듬패턴에 맞는 영어문장을 발음해 보자]로 들어갑니다. 필요에 따라서 연습 방법을 바꾸어 보는 것도 좋습니다. 이때 리듬 유닛에 맞게 영어문장을 발음하면, 영어답게 들립니다. 즉 리듬 유닛에서 사용되어진 영문을 마치 하나의 단어처럼 생각하는 것이 중요합니다.

> 예 Glad - to > see - you라는 문장을 Glad - to 와 see - you로 나누듯이 발음하여 리듬 유닛의 감각을 익힙니다.

70쪽의 [D-d>DA-d#]의 4. **Glad to see you.**를 연습하는 경우

> **[D-d>DA-d#]**
> 리듬패턴을 반복해서 연습한다

> **Glad to see you.**
> 영어문장을 반복해서 연습한다

⬇

> **[D-d>DA-d#] Glad to see you.**
> 리듬패턴에 맞게 영어문장 Glad to see you를 발음하고, 연습의 횟수를 늘린다

❹ 리듬 유닛을 확실하게 익히게 되면, 점차 음절이 들려오고 마침내 세세한 발음까지도 들리게 됩니다.

2. 연습의 과정과 효과

헤드폰으로 연습할 것을 권하는 것은 좌뇌에서 영어문장을, 우뇌에서 리듬패턴을 들음으로써 [발음]과 [의미]의 연계를 쉽게 하기 위한 것입니다. 다시 말해, 좌뇌와 우뇌의 연락을 잘 통하게 하는 것이 목적입니다.

❶ 예문의 영어문장에는 어려운 표현이나 단어는 사용하지 않고, 구문도 쉬운 것뿐이지만, 잘 들을 수 없는 것이 많을 것입니다. 이것이 일반적인 현상이므로 실망할 필요는 없습니다. 문자는 독이 되기도 하고, 약이 되기도 합니다. 약으로 만들려면 교재를 보지 말아야 합니다. 문자를 보고 있으면 TAPE를 듣는 효과가 떨어집니다.

❷ 좌뇌와 우뇌의 연락을 잘 통하게 하려면, 처음에는 의미를 무시하고 오직 발음의 단위를 정확하게 파악하는데 집중하십시오. 들리지도 않는데 의미부터 이해하려고 하면 고생할 뿐만 아니라 [영어머리]로 바뀌는 것이 늦어집니다.

❸ 어느 정도 연습이 진행되면, 발음은 정확하게 잡아내지만, 의미는 모르는 상태에서 기계적으로 발음을 반복하는 단계가 옵니다. 이 때가 아주 중요한 시기입니다. 우뇌가 영어 발음의 회로를 만들기 때문에, [영어 발음의 패턴]을 규칙화하고 발음 단위를 형성하는 시기입니다.

의미를 잘 몰라도 세세한 음에 주의하여, 연습에 박차를 가해야 합니다.

❹ 이 시기에 점차 [영어 발음의 시스템]이 우뇌에 형성됨과 동시에, 여러 정보를 좌뇌에 연결하기 시작합니다. 그리고 어느 정도 네트워크가 완성되면, **어느 날 갑자기 발음 단위 뿐만 아니라 의미까지도 알게 되는 듯한 기분이 듭니다.** 그러나 이것은 [왠지 모르게]라는 감각으로 파악하는 정도입니다. 무엇인가 빠진 듯한 느낌이지만 조금만 더 연습하면 됩니다. 이것은 한국어로 이해되는 [의미]가 아니라 영어의 발음을 통해서 전달되는 감각입니다.

이 시기가 되면 좌우의 뇌가 서로 연락을 시작하기 때문에, 영어를 계속 듣고 있어도 뇌는 쉽게 피로해지지 않습니다.

❺ 그리고 드디어, 지금까지 연습한 교재에 실린 영문이 의미하는 바를 한국어를 거치지 않고 영어의 음감으로 파악할 수 있게 됩니다. [그 시기는 언제?]라고 묻는다면, 사람과 연령, 연습법과 연습양, 운

동능력과 음감에 따라 달라진다고 말할 수 있습니다. 매일 2~3시간씩 연습한다면, 가장 빠른 사람이 10일에서 2주, 빠른 사람은 1개월, 보통은 2~3개월 정도 걸릴 것입니다.

 리듬패턴을 연습한 뒤에 필요한 발음의 기술에 대하여 가르쳐 주세요.

❶ 영어의 리듬은 강한 박자([DA]나 [D])를 기점으로, 발음이 형성되어 있습니다. **문장 가운데에 강한 리듬이 여러 번 있을 때에는 균등한 세기와 일정한 음정을 유지하면서 발음합니다.** 발음이 오르락내리락 하지 않도록 주의합니다.

❷ **[D]라는 강한 리듬은 음정을 올리지 않고 발음하는 것이 중요합니다.** 음정을 올리려면 시간이 걸리기 때문에, 리듬패턴과 맞지 않게 됩니다. [D]가 나올 때마다 음정을 올리면, 리듬패턴과 어긋나서 리듬을 탈 수 없게 됩니다.

❸ **문장 끝에 오는 [DA]는 음정을 재빨리 올려서 가장 강하게 끝까지 발음합니다.** 한국어는 끝을 약하게 발음하는 경향이 있습니다. 그러나 영어는 그 반대입니다.

❹ 하나의 음절에는 기본적으로 하나의 모음이 포함되지만, 자음의 수는 일정하지 않습니다. 결과적으로 긴 음절과 아주 짧은 음절

로 나누어집니다. 특히 [d]와 같은 약한 리듬에 음절이 길면, 리듬패턴과 어긋나거나, 발음하기 어렵게 될지도 모릅니다.

그러나 일정한 리듬패턴이 무너지지 않는 한 영어문장과의 일치에 너무 신경 쓸 필요는 없습니다.

> 예 [D-d·d>DA#]   What a small world!
>
> a와 small은 같은 [d]로서 처리됩니다. 물론 물리적인 시간의 길이는 같지 않습니다. 그러나 리듬 유닛 안의 [d]로서 인식할 수 있으면 문제가 되지 않습니다. 영어가 일단 뇌 안으로 들어오면 발음보다 기능이 중요하게 취급되기 때문입니다.

❺ 약한 리듬인 [d]로 구성되는 [반 유닛]으로 시작되는 리듬패턴이 자주 등장합니다. 익숙하지 않으면 리듬을 탈 수 없게 됩니다. 보사노바 리듬으로 타이밍을 맞추는 훈련을 하다 보면 자연스럽게 익숙해집니다.

❻ 약한 음절의 연속 ([d·d]나 [d·d·d] 등)에 해당하는 영어문장을 듣거나 발음하는 것이 어렵게 느껴질 수도 있습니다. 연습의 비결은 **리듬패턴이나 리듬 유닛을 운동처럼 익히는 것입니다. 발음도 일종의 운동이므로, 리듬에 맞추어 발음합니다.**

❼ 약한 리듬인 [d]가 하나 들어간 리듬패턴([d>DA-d#], [D-d>D-d>DA#], [d>D-d>D-d>D-d>DA-d#])에서는 때때로 [d]가 들리지 않고, 약하게 발음하는 경우가 있습니다. [d]를 들리는 음으로 발음할 경우에도, 약하게 발음할 경우에도, 같은 길이의 시간으로 발음하면 문제가 되지 않습니다.

언제부터 문자를 보고 연습하면 되나요? 문자가 없으면 불안해서 오히려 학습효과가 떨어지는 것이 아닙니까?

 [문자]는 뇌의 입장에서 보면 [발음]의 대용품에 불과합니다. [발음]과 [의미], 다시 말해 좌뇌와 우뇌를 연결하는 것은 리듬패턴이지 문자가 아닙니다. 그렇다면 **문자를 사용해도 좋은 시기는, 의미는 잘 모르지만 리듬을 타기 시작하여, 영어가 자연스럽게 발음될 때**라고 할 수 있습니다.

리듬패턴을 연습하는 방법

[DA] | 가장 강하고 길게 발음한다

강하고 길고 명료하게, 음정도 가장 높게 발음한다.

> 주의 | [d>D-d>DA#]라는 리듬패턴에서는 [DA#]가 문장의 끝에 있기 때문에, 문장 중간에 있을 때 보다 약간 길게 발음한다.

[D] | 강하고 길게 발음한다

길이는 [DA]의 1/2정도. 음의 높이는 [d]와 같다.

[d] | 약하고 짧게 명료하지 않게 발음한다

길이는 [D]의 1/2정도. 단지 [d·d]처럼 2개가 연속될 때는 [D]의 1/3, [d·d·d]처럼 3개가 연속될 때는 [D]의 1/4… [d]가 연속 될 때는 짧게 발음한다.

[>] | timing juncture

각 리듬 유닛 사이를 구분하는 표시. [>]로 구분된 한 단위는 시간적으로 거의 같은 길이로 발음해야 한다.

> 예 | [d>D-d>DA-d·d#]라는 리듬패턴은 처음의 [d](반 유닛)를 제외하고 [>DA-d], [>DA-d·d]를 같은 길이로 발음한다.

| 한 문장이 끝나는 것을 표시한다. 하강 어조의 억양

예 | [d>D-d·d>DA#]   I'm going to school.

| | 회화가 계속되는 것을 표시하는 평탄한 어조의 억양

예 | [D-d | d·d>DA-d·d#]   Hi, how are you today?

|| | Yes-No Question의 문장 끝에서 사용되는 상승어조의 억양

예 | [d·d>D-d·d>DA ||]   Are you going to school?

리듬유닛 | 리듬패턴을 구성하는 기본 단위

[>]부터 다음 [>]까지의 한 단위로, 시간적으로 거의 같은 길이로 발음한다.

예 | [d>D-d>DA-d·d#]라는 리듬패턴은 반 유닛 [d]와 [>DA-d], [>DA-d·d]의 리듬 유닛으로 구성되고, 두개의 리듬 유닛은 거의 같은 길이로 발음하면 된다.

반유닛 | [d]만으로 구성된 불완전한 유닛

리듬 유닛과는 다르다. 약하고, 짧고, 애매하게 발음한다.

맺음말

나의 학습방법을 실현하는 것 중에서 중요한 역할을 담당하는 것은 보사노바 음악이다. 문제가 많은 한국인의 학습효율을 비약적으로 촉진시키는 수단으로서, 이 음악은 아주 중요한 무대장치가 된다. 그러나, 멜로디가 훌륭하고 음악이 너무 드러나면, 오히려 언어의 습득은 느려진다. 경쾌하고 즐거운 리듬, 마음을 자극하고 몇 번 들어도 지루하지 않은 멜로디, 또한 학습에 도움이 되는 음악을 찾지 않으면 안 되었다. 음악이면서 음악 이외의 목적과 역할을 잘 수행해야 하는 이러한 어려운 문제에 도전하여 훌륭하게 극복해 준 Szuno씨에게도 거듭 감사를 드린다. 게다가 몇 번에 걸쳐서 정정을 하고, 그 때마다 집중력과 인내력을 요하는 일을 흔쾌하게 담당하여 준 것에 진심으로 감사를 드린다. TAPE에 녹음된 배경음악은 종류도 풍부하고, 자신도 모르게 몸이 먼저 반응하여 춤을 추게 되는 즐거운 곡으로 가득 차 있다. Szuno씨의 노력과 재능에 찬사를 보낸다.

또한 자랑하는 것 같지만, 나의 둘째 아들 Nakata Masanori에게도 감사한다. 뇌의학, 심리학, 언어학 등 미지의 지식에 관한 내용임에도 불구하고, 까다로운 이론을 [중학생도 이해할 수 있는]이라는 난제에 도전하여, 그 요구에 만족스러운 내용으로 만들어 주었기에 감사한다.

마지막으로 가장 감사를 드리지 않으면 안 되는 사람은 끊임없이 나의 건강을 돌봐 주고 용기를 늘 북돋아 준 나의 처 michico이다. 20년 이상, 미래를 보장 받을 수 없는 나의 연구를 지탱하여 주고, [반드시 할 수 있다]라는 희망의 빛과 격려를 꾸준하게 보내 준, 헌신적 애정과 노력에 감사한다. 나의 처 없이는 이 책은 결코 존재하지 못했을 것이다.

　　영어를 모국어로 하지 않는 환경에서 태어난 우리는 우리말을 사용하는데 아무런 의문도 가지고 있지 않다. [배웠다]라는 인식이 없는데도 완벽하게 우리말을 다루는 이 불가사의함은 역사상 명쾌하게 설명된 적이 없다. 단뇌 언어(좌뇌 편중의 언어)를 사용하는 여러분의 뇌가, 양뇌 언어(좌, 우의 뇌를 사용한 언어)를 습득하는 과정에서 만나는 괴로운 경험들에서, 나의 연구가 조금이나마 도움이 되었으면 하는 바람이다.

　　　　　　　　　　　　　　　　　　　　　　　　　저자

누구나 쉽게 할 수 있는
영어 첫 걸음

현지인과 한방에 딱 통한다
Enjoy 영어회화

Address: http://www.donginrang.co.kr/

@ Live Home Page   @ Apple   @ iTools   @ Apple Support   @ Apple Store   @ M

MP3 무료

외국어출판을 선도아

영어 | 일

THE LEADING COMPANY OF FOREIGN LANGUAGE PUBLISHING

ID [ ]   PASSWORD [ ]   LOG-IN   무료회원가입

MP3 무료 서비스

동인랑 홈페이지에서 회원으로 가입하시면
MP3를 무료로 다운받으실 수 있습니다.

FUNNY WEEKLY STUDY
재미있는 이주의 외국어

NEW BOOKS
새로나온 책

▶ **WEEKLY ENGLISH**
1/2주 I'm so happy!
1/1주 Happy New Year!

.. more ..

▶ **WEEKLY JAPANESE**
1/2주 うれしいです
1/1주 おめでとう ございます!

.. more ..

▶ **WEEKLY CHINESE**

3초만에 바로
⊡ 기본 회화에/
현
⊡ 3초만에 가능
⊡ 학습 능률을

왕초보가 우리
⊡ 왕초보를 위한
⊡ 구체적이고 특
⊡ 자주 사용되는

3문장으로 콕
화